国家职业技能等级认定培训教材

前厅服务员

（基础知识）

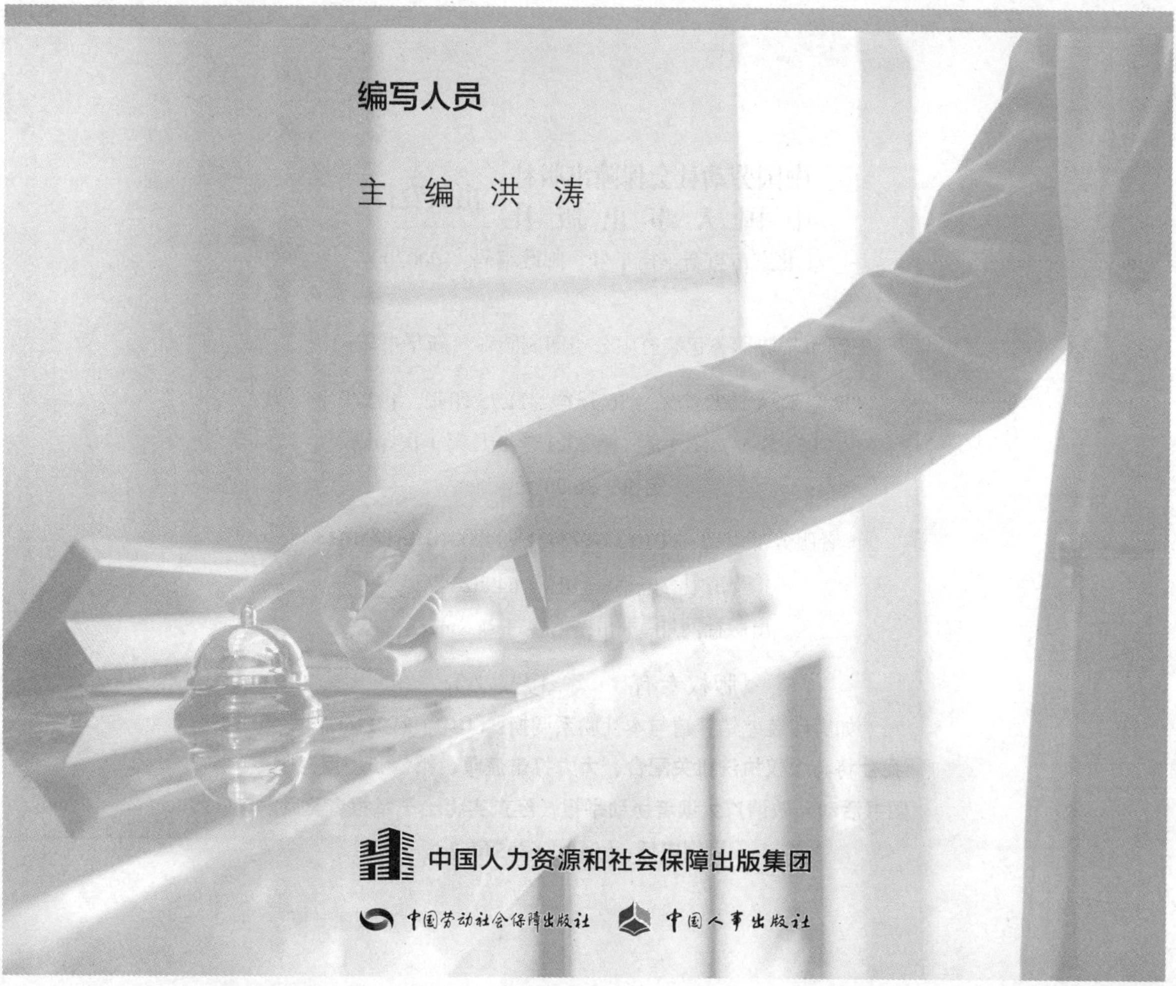

编写人员

主　编　洪　涛

中国人力资源和社会保障出版集团
中国劳动社会保障出版社　中国人事出版社

图书在版编目(CIP)数据

前厅服务员:基础知识 / 人力资源社会保障部教材办公室组织编写. -- 北京:中国劳动社会保障出版社:中国人事出版社,2021
　　国家职业技能等级认定培训教材
　　ISBN 978-7-5167-5038-4

Ⅰ.①前… Ⅱ.①人… Ⅲ.①饭店-商业服务-职业技能-鉴定-教材 Ⅳ.①F719.2

中国版本图书馆 CIP 数据核字(2021)第 177361 号

中国劳动社会保障出版社
中国人事出版社 出版发行
(北京市惠新东街 1 号　邮政编码:100029)
*
三河市华骏印务包装有限公司印刷装订　新华书店经销
787 毫米×1092 毫米　16 开本　11.75 印张　193 千字
2021 年 9 月第 1 版　2021 年 9 月第 1 次印刷
定价:36.00 元

读者服务部电话:(010)64929211/84209101/64921644
营销中心电话:(010)64962347
出版社网址:http://www.class.com.cn

版权专有　　侵权必究

如有印装差错,请与本社联系调换:(010)81211666
我社将与版权执法机关配合,大力打击盗印、销售和使用盗版图书活动,敬请广大读者协助举报,经查实将给予举报者奖励。
举报电话:(010)64954652

前　言

为加快建立劳动者终身职业技能培训制度，大力实施职业技能提升行动，全面推行职业技能等级制度，推进技能人才评价制度改革，促进国家基本职业培训包制度与职业技能等级认定制度的有效衔接，进一步规范培训管理，提高培训质量，人力资源社会保障部教材办公室组织有关专家在《前厅服务员（2009年修订）国家职业技能标准》（以下简称《标准》）制定工作基础上，编写了前厅服务员国家职业技能等级认定培训教材（以下简称等级教材）。

前厅服务员等级教材紧贴《标准》要求编写，内容上突出职业能力优先的编写原则，结构上按照职业功能模块分级别编写。该等级教材共包括《前厅服务员（基础知识）》《前厅服务员（初级）》《前厅服务员（中级）》《前厅服务员（高级）》4本。《前厅服务员（基础知识）》是各级别前厅服务员均需掌握的基础知识，其他各级别教材内容分别包括各级别前厅服务员应掌握的理论知识和操作技能。

本书是前厅服务员等级教材中的一本，是职业技能等级认定推荐教材，也是职业技能等级认定题库开发的重要依据，适用于职业技能等级认定培训和中短期职业技能培训。

人力资源社会保障部教材办公室

目 录 CONTENTS

职业模块 1 职业道德 ·· 1
培训课程 1 职业道德基本知识 ·· 2
培训课程 2 职业守则 ··· 8
思考题 ··· 20

职业模块 2 前厅服务基础 ·· 21
培训课程 1 前厅接待礼仪 ·· 22
培训课程 2 服务心理 ··· 45
培训课程 3 前厅服务质量 ·· 60
思考题 ··· 67

职业模块 3 计算机使用知识 ·· 69
培训课程 1 计算机基础知识 ··· 70
培训课程 2 计算机网络基础知识 ·· 79
培训课程 3 酒店前台系统操作基础知识 ·· 87
思考题 ··· 112

职业模块 4 安全服务知识 ·· 113
培训课程 1 消防常识 ··· 114
培训课程 2 公共场所卫生常识 ·· 121
培训课程 3 安全知识 ··· 128
培训课程 4 突发事件应急处理 ·· 133
思考题 ··· 137

职业模块 5　前厅英语基本接待用语 ……………………………………… 139
培训课程 1　总机服务（operator service） ………………………………… 140
培训课程 2　预订服务（room reservations） ……………………………… 143
培训课程 3　礼宾服务（concierge） ………………………………………… 146
培训课程 4　总台接待（reception） ………………………………………… 149
培训课程 5　问讯服务（information） ……………………………………… 152
培训课程 6　结账服务（checking out） …………………………………… 154
培训课程 7　大堂经理（assistant manager） ……………………………… 156

职业模块 6　相关法律、法规 …………………………………………… 159
培训课程 1　《中华人民共和国劳动合同法》相关知识 …………………… 160
培训课程 2　《中华人民共和国消费者权益保护法》相关知识 …………… 164
培训课程 3　《中华人民共和国外汇管理条例》相关知识 ………………… 169
培训课程 4　《旅馆业治安管理办法》相关知识 …………………………… 172
培训课程 5　《中华人民共和国出境入境管理法》相关知识 ……………… 174
培训课程 6　《中华人民共和国消防法》相关知识 ………………………… 179

参考文献 …………………………………………………………………… 182

职业模块 1 职业道德

培训课程 1　职业道德基本知识

培训课程 2　职业守则

我国《公民道德建设实施纲要》指出："职业道德是所有从业人员在职业活动中应遵循的行为准则，涵盖了从业人员与服务对象、职业与员工、职业与职业之间的关系。随着现代社会分工的发展和专业化程度的增强，市场竞争日趋激烈，整个社会对从业人员职业观念、职业态度、职业技能、职业纪律和职业作风的要求越来越高。"因此，认真学习、了解职业道德基本知识，对从业人员的成长与发展具有重要意义。

培训课程 1
职业道德基本知识

一、职业道德的内涵

职业道德的概念有广义和狭义之分。广义的职业道德是指从业人员在职业活动中应该遵循的行为准则，涵盖了从业人员与服务对象、职业与职工、职业与职业之间的关系。狭义的职业道德是指在一定职业活动中应遵循的、体现一定职业特征的、调整一定职业关系的职业行为准则和规范。不同的职业人员在特定的职业活动中形成了特殊的职业关系，包括职业主体与职业服务对象之间的关系、职业团体之间的关系、同一职业团体内部人与人之间的关系，以及职业劳动者、职业团体与国家之间的关系。

二、职业道德的作用

职业道德是社会道德体系的重要组成部分，它一方面具有社会道德的一般作用，另一方面又具有自身的特殊作用，具体表现为如下 4 个方面。

1. 调节职业交往中从业人员内部以及从业人员与服务对象间的关系

职业道德的基本职能是调节职能。一方面，职业道德可以调节从业人员内部的关系，即运用职业道德规范约束职业内部人员的行为，促进职业内部人员的团结与合作。例如，职业道德规范要求各行各业的从业人员，都要团结、互助、爱岗、敬业、齐心协力地为发展本行业、本职业服务。另一方面，职业道德又可以调节从业人员和服务对象之间的关系。例如，职业道德规定了制造产品的工人要怎样对用户负责，营销人员要怎样对顾客负责，医生要怎样对病人负责，教师要怎样对学生负责等。

2. 有助于维护和提高本行业的信誉

一个行业、一个企业的信誉，也就是它们的形象、信用和声誉，是指行业、企业及其产品或服务在社会公众中的受信任程度。提高行业、企业的信誉主要依靠产品和服务的质量，而从业人员的职业道德水平是产品和服务质量的有效保证。若从业人员职业道德水平不高，则很难生产出优质的产品或提供优质的服务。

3. 促进本行业的发展

行业、企业的发展依赖于经济效益的提升，而经济效益的产生有赖于员工素质的提升。员工素质主要包含知识、能力、责任心三个方面，其中责任心是最重要的。而职业道德水平高的从业人员必定具有较强的责任心，因此，职业道德能促进本行业的发展。

4. 有助于提高全社会的道德水平

职业道德是社会道德的重要内容。职业道德一方面影响每个从业者如何对待职业、如何对待工作，同时也是一个从业人员生活态度、价值观念的表现；另一方面，职业道德也是一个职业集体，甚至一个行业全体人员的行为表现，如果每个行业、每个职业集体都具备优良的道德，必定会对整个社会道德水平的提高发挥重要作用。

三、职业道德的特征

1. 职业性

职业道德的内容与职业实践活动紧密联系，反映着特定职业活动对从业人员行为的道德要求。每一种职业道德都只能规范本行业从业人员的职业行为，在特定的职业范围内发挥作用。

2. 实践性

职业行为过程就是职业实践过程，只有在实践过程中，才能体现出职业道德的水准。职业道德的作用是调整职业关系，对从业人员职业活动的具体行为进行规范，解决现实生活中的具体道德冲突。

3. 继承性

在长期实践过程中形成的职业道德内容，会被作为经验和传统继承下来。即使在不同的社会经济发展阶段，同一种职业也会因服务对象、服务手段、职业利益、职业责任和义务的相对稳定，而使职业行为道德要求的核心内容被继承和发扬，从而形成被不同社会发展阶段普遍认同的职业道德规范。

4. 多样性

不同的行业和不同的职业，有不同的职业道德标准。

四、职业道德的基本要求

概括而言，职业道德的基本要求主要应包括以下几方面的内容：忠于职守，乐于奉献；实事求是，不弄虚作假；公正透明，服务社会。

1. 忠于职守，乐于奉献

尊职敬业是从业人员应具备的一种崇高精神，是做到求真务实、优质服务、勤奋奉献的前提和基础。从业人员首先要安心工作、热爱工作、献身于工作，把自己远大的理想和追求落到工作实处，在平凡的工作岗位上做出非凡的贡献。从业人员有了尊职敬业的精神，就能在实际工作中积极进取、忘我工作，把好工作质量关；就会对工作认真负责，把工作中所取得的成果作为自己的荣誉，同时认真分析工作中的不足并积累经验。

敬业奉献是从业人员职业道德的内在要求。随着市场经济的发展，对从业人员的职业观念、态度、技能、纪律和作风都提出了更新、更高的要求。

为此，广大从业人员要有高度的责任感和使命感，热爱工作，献身事业，树立崇高的职业荣誉感。要克服任务繁重、条件艰苦、生活清苦等困难，勤勤恳恳，任劳任怨，甘于寂寞，乐于奉献。要适应新形势的变化，刻苦钻研。要加强个人的道德修养，处理好个人、集体、国家三者之间的关系，树立正确的世界观、人生观和价值观；把继承中华民族传统美德与弘扬时代精神结合起来，坚持解放思想、实事求是，与时俱进、勇于创新，淡泊名利、无私奉献。

2. 实事求是，不弄虚作假

实事求是不仅是思想路线和认识路线的问题，也是一个道德问题，更是职业道德的核心。所谓求是，求就是深入实际，调查研究；是有两层含义，一是真实，二是社会经济现象数量关系的必然联系，即规律性。为此，贯彻实事求是精神必须办实事、求实效，坚决反对和制止在工作上弄虚作假。这就需要有无私无畏的职业作风与职业态度。如果夹杂着私心杂念，为了满足自己的私利或迎合某些人的私欲需要而做出弄虚作假、虚报浮夸的行为就在所难免，也就会背离实事求是这一职业道德的基本要求。

从业人员必须有对国家、对人民高度负责的精神，把实事求是作为履行责任和义务的最基本的道德要求，坚持不唯书、不唯上、只唯实。从业人员要特别注意调查研究，经过去粗取精、去伪存真、由表及里、由此及彼的分析，按照事物本来面貌如实反映，不随波逐流，不看眼色行事。

3. 公正透明，服务社会

优质服务是职业道德所追求的最终目标，优质服务是职业生命力的延伸。

五、提倡职业道德对于前厅服务员的意义

1. 强化对酒店前厅工作的认识

强化对酒店前厅工作的职业道德认识是前厅服务员职业道德修养与职业道德教育的起点，包括认识酒店前厅工作的性质、地位和作用，明确酒店前厅的服务对象、操作规程和目标，不断认识和理解酒店行业的特殊性和重要性以及在酒店前厅工作中应承担的责任和义务，以提高热爱本职工作的自觉性。

前厅服务员要摒弃服务工作"低人一等"的世俗偏见，要把自己的荣辱与服务事业紧紧联系在一起，在自己的岗位上竭尽全力，为酒店的发展贡献自己的力量。

2. 加深对酒店前厅工作的情感

在强化对酒店前厅工作认识的基础上，逐步培养前厅服务员对酒店前厅工作的自豪感和幸福感，全心全意地为宾客服务，得到宾客的认可，干一行、爱一行，增加对酒店职业的深厚感情。在对职业有所认识的基础上，有意识地从点点滴滴的工作中寻找乐趣，培养自己对职业的感情，并以此而自豪。酒店前厅服务员要乐于从事酒店工作并努力做好工作。

3. 磨炼工作的意志

在从事酒店前厅工作的过程中，会遇到各种各样的矛盾和困难，为了实现职业理想，前厅服务员需要有坚强的意志和顽强的毅力，能够克服困难并解决各种矛盾，处理好各种人际关系，坚定信念与理想，从而在工作中实现自我价值。酒店前厅服务员在工作中要能够妥善解决和克服所遇到的困难和矛盾，处理好人际关系，坚持为宾客提供优质服务，这就需要前厅服务员具有坚强的意志。

4. 养成良好的酒店职业行为和习惯

前厅服务员需要在工作中不断地磨炼自身,养成良好的职业行为和习惯,这样不仅可以在工作中得心应手,而且在个人的一生中也将受益匪浅。前厅服务员应有意识地通过反复实践,使自己养成良好的职业行为习惯。良好行为习惯的养成是一个人事业成功的前提条件。

培养良好的职业道德有助于前厅服务员将职业责任变为内在的责任感,随时调整自己的行为,在服务工作中有高度的道德自觉性,做到言行一致。

酒店职业道德不是心血来潮的产物,培养过程也不是一朝一夕的。其形成过程是将酒店经营管理活动中许多行之有效的道德准则和行为规范进行总结归纳,培养过程则是通过将其灌输到前厅服务员的头脑中,使之逐步转化成每位工作人员的自觉意识和道德品质,最终形成一种新的、更高层次的职业道德规范和风尚。

5. 提倡职业道德对于酒店的意义

(1) 树立酒店良好的品牌形象

品牌是酒店最重要的无形资产,可以长期为酒店创造优良的经营业绩。品牌具有提升酒店价值的作用,品牌特色越鲜明,就越容易获得宾客的认知,越能增强宾客的购买信心和忠诚度。每个前厅服务员都要树立牢固的大局观,时时考虑酒店的整体利益,考虑酒店的整体形象,不因图个人一时之快使酒店受到不应有的损失。

当前厅服务员确立了相应的职业道德,并将它变为自己的信念、义务与荣誉感,就能正确认识和处理个人与同事、酒店、宾客及酒店与宾客的利益关系,就可以在工作中发挥自己的积极性与创造性,为酒店创造利润,从而树立酒店的良好品牌形象。酒店是一个整体,各岗位的工作既相互联系又相互影响,每一位前厅服务员工作的好坏都将影响宾客对酒店的评价,最终影响酒店的经济效益和社会效益。

酒店前厅服务员应当认识到自己的言行对整个酒店的意义,每个前厅服务员都是酒店这座大厦的支柱,只有每个人都充分发挥自己的才干,酒店的经营基础才会牢固,酒店的业绩才会蒸蒸日上。

(2) 保证酒店前厅的服务质量

在对客服务工作中,酒店前厅服务员的职业道德意识和行为在很大程度上决定着前厅服务的质量。酒店前厅服务工作具有广泛性,为了保证服务质量,不仅要解决员工应该怎样去做的问题,更重要的是明确员工是否热爱这份工作,是否愿意去做这份工作。员工只有通过职业道德教育，有了坚定的职业道德信念以及习惯化的服务方式，才能从根本上保证酒店的服务质量。

（3）促使酒店前厅服务员素质全面提高

行业的竞争从根本上说就是人才的竞争。酒店的发展同样需要一支具有良好素质的专业化员工队伍，而员工素质的提高很大程度上取决于酒店职业道德的教育和品质的培养。

没有满意的员工，就没有满意的宾客，只有高素质与充满激情的员工才能为宾客提供优质的服务。因此，酒店要特别注重前厅服务员素质的提高。而员工素质的提高离不开培训，一个员工是否可以成才，是否能对酒店做出贡献，主要依靠在工作实践中的学习和锻炼。职业道德是职业生活的指南，能够帮助员工选择具体的人生道路，形成具体的人生观和职业理想。

培训课程 2

职业守则

一、热情友好，宾客至上

热情友好既是一种道德情感，又是一种道德行为。热情友好是建立在前厅服务员对酒店业道德义务和道德价值认识的基础之上的，这要求他们在服务中倾注满腔热情，真诚友好地接待每一位宾客。

宾客至上是指在酒店前厅接待与服务中，前厅服务员要一切以宾客为中心，宾客的任何一点要求，都有责任全力去做好。在为宾客提供服务时，把宾客放在首位，从宾客角度考虑问题。将"客人永远不会错""客人永远是对的""不与客人争斗"以及"以宾客为中心"等格言，作为前厅服务员服务的指导思想。

1. 宾客第一，以客为尊

在酒店前厅服务工作中，始终把宾客放在首位，一切为宾客着想，一切使宾客满意，尽力为宾客服务，充分满足宾客需要。这既是酒店一切工作的出发点，也是工作的终点。前厅服务员要正确处理"客"和"我"的关系，时时处处把宾客放在首位，体现出道德责任和义务。宾客是酒店业"真正的主人"、是有个性的人，需要受到尊重、得到维护。把宾客放在首位是服务工作的客观需要，否则酒店不可能生存。

2. 贯彻服务宗旨，规范道德行为

在日常接待中，要时时处处履行宾客至上、热情友好的道德规范；要通过一举一动、一言一行的逐渐积累，提供高水平的服务。前厅服务员在工作中遇到困难和挫折时，在个人利益与他人、集体利益发生矛盾时，更要克制自己的情绪。前厅服务员在职业活动中，尤其在长时间的、烦琐的服务活动中，在遇到困难或有宾客投诉时，要始终保持良好的、理智的情绪，做好服务工作，顾全大局，处理好各方面的关系，最终使宾客满意。

3. 尽心尽责，服务周到

全心全意为宾客服务，前厅服务员要心中有宾客，把宾客看成朋友、亲人，想宾客所想、急宾客所急，在实际工作中善解人意、热情周到、任劳任怨。前厅服务员对宾客尽心尽力，各方面都做到周到服务，就会受到宾客的欢迎。

【案例 1-1】

客人是亲人

一天晚上，一位商务客人独自来到一家四星级酒店准备入住，前厅部总台服务员小张为客人迅速办理登记入住手续。在办理过程中，她发现客人脸色不好，还不断咳嗽和流鼻涕，便关心地询问客人："先生，你身体不舒服吗？感冒了吧？"客人点点头说："是呀，今天突然降温，真有点吃不消。"小张立刻对客人说："我们总台备有感冒药。"并把感冒药递给了客人，还嘱咐客人多喝点水，早些休息。

行李员很快把客人送到了客房，帮客人把水烧好，还让客房服务员给客人多拿了一床被子。客人非常高兴，激动地说："你们酒店服务真好，我就像回到了家，你们像我的亲人一样，真谢谢你们了。"

【评析】客人就是我们的亲人。当客人下榻酒店时，前厅服务员除了提供正常的服务之外，还要尽可能多地和他们交谈，从中获取更多有益于服务的信息，从而加大亲情服务的力度，缩短与客人的距离，使客人来到酒店就像回到家一样温暖、亲切。

二、真诚公道，信誉第一

"真诚公道，信誉第一"是通过建立良好的酒店形象和声誉，使酒店经济效益快速增长的有效途径。其具体要求就是对宾客真心诚意，讲究信用，信守诺言，不弄虚作假，信誉第一。"真诚公道，信誉第一"是酒店职业道德的重要规范，也是热情友好、宾客至上的保证。

诚实守信是中华民族的传统美德，也是前厅服务员根本的行为准则，更是保证酒店长期稳定发展的秘诀。酒店应通过职业道德教育，培养前厅服务员诚实守信意识，以保证其在工作中能以诚待客，扎扎实实地把服务工作做好。

前厅服务员只有真诚公道地对待每一位宾客，为他们提供优质的服务，才能树立酒店良好的声誉和形象，酒店才会有越来越多的宾客光临。酒店应该重视自身的诚信建设，制定诚信经营的目标，培育和传播企业诚信文化，对员工进行诚信教育，使诚信经营的理念渗透到每个员工的心中，并监督、促进酒店的诚信建设。酒店要做到"言必行，诺必诚"，对所有的宾客要一视同仁，而不应该为了一点小小的利益而欺骗宾客。

周末特惠房

高先生周末要到一座城市去旅游，他在网上查询酒店，发现一家酒店的周末特惠房优惠力度很大，还赠送餐饮优惠券，于是他决定选择这家酒店。

可是当高先生周末来到这家酒店时，总台服务员却没有给他优惠的价格，当他指出网上有周末优惠房时，服务员才很不情愿地给他优惠。高先生感到非常生气，服务员却没有任何道歉的意思，令高先生对酒店的信誉表示怀疑。这样的酒店他绝不会来住第二次。

【评析】诚信经营对酒店很重要，如果做不到讲信用、守承诺，酒店损失的将不是一位客人，而是面临社会声誉的下降，这对酒店的经营来说将会是一种致命的打击。在当今酒店业竞争激烈的情况下，众多酒店都在追寻产品与服务的创新性与特殊性，却往往忽视了最基础的诚信经营。但如果连最基本的诚信都做不好，又怎么能让消费者对酒店产生信赖感，进而到酒店来消费并最终成为酒店的忠诚客户呢？

1. 满足宾客需求，维护宾客利益

"诚招天下客，誉从信中来"，酒店工作人员只有真诚公道地对待每一位宾客，向他们提供优质服务，才能树立良好的信誉形象，最终取得良好的经济效益。

酒店要想宾客之所想，把宾客所需要的服务及时、完善、高效地提供到位，使宾客在酒店受到热情的礼遇和优质的接待服务，慕名而来，尽兴而去。

宾客对自己的消费具有知情权，酒店应该重视并满足宾客对酒店产品与服务的知情权，自觉接受消费者的监督。要让宾客在酒店明明白白地消费，宾客只有在对其所消费的内容清楚明白的基础上，才能真实感受到酒店的优质服务与真诚用心，进而产生对酒店的信赖，提升对酒店的忠诚度；而酒店也只有在拥有了宾客们较高的忠诚度时才能更好地经营，提供更为丰富的产品与服务。所以，无论对酒店业还是宾客来说，这都是一个良性的循环，是一种双赢。前厅服务员要把酒店可能获得的利益和可能受到的损失都与自己的利益得失联系起来，在充分履行岗位职责的基础上，把那些酒店所没有想到的、规定所没有涉及的、别人所没有想到的或考虑不周的、甚至是宾客所没有想到的，都纳入自己的服务范围，充分满足宾客的需求，维护宾客的利益。

润物细无声

一家公司正在酒店开会，细心的总台服务员发现，与会的客人住在云轩楼，而早餐却定在远离云轩楼的紫霞餐厅，很不方便。其实，云轩楼里也有一个餐厅，同样提供早餐，而且品种和紫霞餐厅的早餐是一样的，于是前厅服务员和公司的会务组联系，告诉了他们这一情况。原来会务组人员并不知道云轩楼里也有一个餐厅，才把早餐定在了紫霞餐厅。得知这个信息后，会务组人员立刻去看了云轩楼里的餐厅，发现非常合适，就采纳了总台服务员的建议，并感谢了总台服务员。

这样的改变大大方便了与会的所有人员，客人非常满意，会务组人员就更加满意了。

【评析】俗话说："没有做不到的，只有想不到的。"在我们的工作中，常常会因为某一环节没有考虑周到，而使整个服务大打折扣。在这个案例中，总台服务员正是凭着自己的细心观察和热情服务，为客人营造了温馨的氛围，给客人留下了良好的印象。

2. 按质论价，收费合理

谷慧敏教授认为，酒店的成本高，相应的服务价格高也很正常。"就像你在普通餐馆吃一盘宫保鸡丁和在酒店吃，价钱肯定不一样。另外，这样做也是为了保护酒店宾客的利益，如果定的价位和街边小店一样，那么谁都能享受到这项服务，对酒店的宾客是不公平的。"但酒店的收费也应该有个"度"，各种服务的定价要在合理的范围之内，要根据服务的品质决定价格，千万不可漫天要价。

酒店商务中心吓跑商务客人

一家公司在某星级酒店开会。会议期间，与会代表常去酒店的商务中心打印和复印文件，他们都反映酒店商务中心的服务价格是天价。

这并非个例，其他公司也纷纷反映酒店的商务中心价格太离谱，比市场价格高出很多。不少酒店的商务客人认为在酒店上网费用太高，纷纷到酒店附近的网吧上网。有的公司开会也从来不用酒店提供的打印和上网等服务，都是自己带着打印机、计算机过来。最终，酒店的商务中心吓跑了商务客人。

【评析】酒店的商务中心是商务客人的办公室，商务客人对酒店的商务需求是非常大的。如果酒店不考虑市场需求，漫天要价，甚至报出让客人都无法接受的价格，一定会吓跑酒店的客人。酒店的商务中心要考虑客人的需求，制定合理的价格，在满足酒店利益的基础上，更好地为客人服务。

3. 真诚待客，拾金不昧

前厅服务员要真诚地对待宾客，拾到宾客的物品要及时归还给宾客。拾金不昧不仅仅是一个口号、一个名词，更应该是一种信念、一种精神。只有将中华民族的传统美德真正融入酒店的工作中，才能为宾客提供更加优质的服务。前厅服务员要本着对酒店高度负责的责任心，本着"一切为宾客着想"的服务理念，做好服务工作。酒店更要大力弘扬酒店员工的这种服务美德，从而带动更多的员工把酒店的服务做到最好。

拾金不昧

一天下午，酒店的大堂副理小林正在酒店大堂巡视，他发现休息区域的沙发上有一个黑色的男式皮包，沙发旁边没有人。他想起刚才沙发上有4位客人在聊天，现在已经走了，小林赶紧往酒店大门走去。

当小林赶到酒店大门时，他发现那4位客人正在酒店的大门口准备打车离去。他立刻上前询问："对不起，先生们，请稍等，你们是不是丢了什么东西？"

4位客人互相看了看，其中一位突然叫了起来："哦！我的包丢在酒店了。"

小林经进一步核实之后，把包交给了客人。客人非常高兴，连连说："谢谢你了，谢谢你。你们酒店真不错。"

【评析】酒店要教育员工发扬拾金不昧的精神。酒店的每一位员工应向本案例中大堂副理小林学习，以他为榜样，学习他良好的服务意识和高尚的道德情操，只有每一位员工都能做到拾金不昧，才能更好地树立酒店的品牌。

三、文明礼貌，优质服务

文明礼貌是社会公德的基本内容和重要规范，也是酒店业职业道德的基本规范。礼貌是人们在日常交往时相互表示敬重和友好的行为规范，它对人们交往时的最基本的要求是诚恳、谦恭、和善及有分寸。前厅服务员在对客服务中，特别要注重礼节、礼仪，讲究文明礼貌，为宾客提供优质服务（即提供标准化服务和个性化服务）。其中，标准化服务是前厅服务质量的基础，个性化服务更能够使宾客满意。

【案例1-6】

客人的表扬

一位客人对总台服务员小江提出表扬，这位客人当天入住时受到了热情的接待，由于他视力不太好，小江主动帮他填写了入住登记单，当他不慎将身份证遗留在总台时，还是小江及时通知了他，并由行李员将证件送至他手中。他对此表示非常感谢，对接待人员的服务很满意。

【评析】为客人提供优质的服务是酒店的宗旨，客人的表扬是对酒店服务工作的赞许和认同，只有不断地提高自己的业务技能水平，才能更好地为客人服务，向客人提供优质服务一直是酒店的目标。

1. 微笑服务，礼貌待客

微笑服务是酒店从业人员真诚服务的象征。微笑是客人情感的需要，能够带给客人亲切感；微笑是酒店业发展的需要，也是酒店从业人员对自己职业价值的肯定。酒店业的微笑服务是非常重要的。

2. 保质保量，设施完好

酒店要为客人提供保质保量的服务，首先要保证酒店的所有设施完好，如果有任何设施问题，一定会使酒店的服务质量大打折扣。一家设施不好的酒店，客人是不会选择的，即使选择一次，也绝不会选择第二次。

【案例1-7】

浴缸扶手脱落了

一位客人洗澡时，由于浴缸扶手老化脱落，致使客人摔倒。大堂经理得知后立即赶到房间，所幸客人并没有受伤。大堂经理派人送来水果和冰块，并向客人致以诚挚的歉意。

【评析】酒店的设施、设备一定要保证运行正常和完好，一旦有问题就会带来严重的后果。幸好本案例中，这位客人没有受伤，否则后果不堪设想。浴缸扶手脱落一般是因为设备老化或设施设备保养不到位引起的，因此就需要随时进行保养和检查，以向客人提供保质保量的服务。

3. 尽心尽责，服务周到

从事前厅工作的员工要热爱本职工作，遵守酒店规章制度和劳动纪律，遵守员工守则，维护酒店的对外形象和声誉，做到不说有损酒店利益的话，不做有损酒店利益的事。对自己的本职工作要做到尽心尽力，严格履行自己的工作职责，忠于职守，这样才能使宾客满意，使工作有成效。

四、以客为尊，一视同仁

前厅服务员在接待宾客的过程中，既要尊重宾客、热情友好，尽到自己的职责和义务，又要做到自尊、自爱、自信，体现出主人翁精神、民族自尊心以及国格、人格。一视同仁中的"一视"，就是一样看待；"同仁"就是同样仁爱；"一视同仁"就是要求平等对待各类不同的宾客，尊重宾客，维护其合法权益，真诚为其服务。

1. 一视同仁，以礼相待

俗话说，职业不分贵贱，人和人之间应该互相尊重，坦诚相见。一名合格的前厅服务员，不应以宾客身份的高低或职业的性质来作为衡量标准。在接待宾客的过程中，要始终尊重宾客，热情友好，谦虚谨慎，尽到自己的职业道德和道义责任。

不管宾客来自哪个国家和地区、属于哪个民族，不管宾客社会、经济地位高低，年老年幼，他们首先都是酒店的宾客。作为服务人员要尊重宾客的人格，热情周到地为其服务，维护其合法权益，满足其合理又可能满足的要求，切忌亲疏偏颇、厚此薄彼。

当然，在进行前厅服务的过程中，要照顾个别特殊宾客，比如妇女、儿童、老年人及病残宾客、少数民族宾客、外宾及华侨，这符合优先原则，并不违反一视同仁的道德规范。

酒店前厅服务员要对宾客一视同仁、以礼相待，要热情周到地接待好每一位宾客，做到"高低一样，内外一样，新老一样"。满足宾客受欢迎、受重视、被理解的需求是前厅优质服务的基础。因此，要求前厅服务员必须对宾客以礼相待，决不能因为社会地位的高低和经济收入的差异而使宾客受到不平等的待遇，要坚决摒弃以貌取人、看客下菜的陈规陋习。将平等待客、一视同仁作为服务人员的道德规范，就是尊重宾客的人格和愿望，主动热情地满足宾客的合理要求，使宾客处在平等友好的氛围中。

长包房客人的意见

某公司长包房客人是酒店的大客户，自入住以来对酒店提供的服务非常满意，先后有好几个部门的数位员工都受到过他们的点名表扬，和酒店之间建立了良好的宾朋关系。时间长了，他们也对酒店的服务人员比较了解，这大大方便了酒店的服务。但最近却先后有两位该公司的客人生气地向大堂经理提了意见，他们反映酒店的总台服务员对他们这批长包房的客人讲话越来越随便，不注意礼节礼貌，与客人刚来时的情况不一样。这个意见引起了酒店领导的高度重视并及时予以处理。

【评析】总台服务员与长包房客人之间相处的时间长了，熟悉程度逐渐增加是正常的，但不能从"熟悉"进而转变为"随便"。与客人熟悉之后，应该更好地为其服务，而不能因为客人不提意见就降低了酒店的服务水准，无论何时，酒店员工对宾客都要以礼相待，一视同仁。

2. 谦虚谨慎，自尊自强

谦虚谨慎，就是要不断提升自己，时时刻刻提醒自己不能骄傲。在前厅服务工作中，要多向做得好的员工学习，这样才能不断进步。所谓自尊，就是强调自我管理、自我约束、自我完善；所谓自强，就是要刚健有为、不断追求、不断拼搏、自强不息，而绝不可以饱食终日、碌碌无为。前厅服务员要积极钻研酒店业务，不断研究宾客心理，更好地服务宾客，做一名优秀的酒店从业人员，从而取得自身事业的成功。

五、团结协作，顾全大局

团结协作，顾全大局是前厅服务员正确处理同事之间、部门之间、酒店之间以及局部利益与整体利益之间、眼前利益与长远利益之间等相互关系的行为准则。一般而言，酒店前厅部下设预订处、总台接待处、礼宾处、商务中心、总机、收银处等部门，相关人员包括总台服务员、迎宾员、行李员、收银员、总机服务员、大堂副理、大堂经理等。前厅服务员应自觉做到个人利益服从集体利益，局部利益服从整体利益，眼前利益服从长远利益，这是一种较高的道德要求。

1. 密切配合，互相支持

没有完美的个人，只有完美的团队，这已成为行业共识。现代酒店的经营必须依靠团队完美的合作才能取得成功。所以，前厅服务员只有把自己的职业行为完全融入整个团队的行为中，才能取得成功。员工凝聚力是企业发展的源泉和集体创造力的源泉，而只有步调一致，凝聚力的作用才能有效发挥。酒店的每名前厅服务员都要强烈地感受到自己是雄伟城墙中的一块砖，是不可缺少的一分子，感受到团结共进、众志成城的必要性。砖与砖之间的紧密结合是建立城墙的基础，这种紧密结合就是凝聚力。同事之间、岗位之间、上下级之间，只有相互理解、相互支持、及时沟通，才能出色地完成自己的任务。

2. 学习先进，互相帮助

良好的工作氛围是自由、真诚和平等的，是在员工对自身工作满意的基础上，与同事、上级之间关系融洽、互相认可，有集体认同感，充分进行团队合作，共同达到工作目标,在工作中共同实现人生价值。在这种氛围里,每个员工在得到他人承认的同时,都能积极地贡献自己的力量,并且全身心地为组织的利益努力;每个人都能在工作中随时、灵活地调整工作方式,达到更高的效率。在这种氛围里,团队中处处可感受到一种浓烈的团队意识和归属感,所有员工都会以在这样一支团结协作、竞争创新、充满朝气的队伍里工作而感到无比自豪。

酒店前厅团队的成员要想他人之所想、急他人之所急,换位思考、将心比心,这样就能处理好自己与他人的关系。各岗位员工在服务中要同相关岗位的员工密切配合、互相支持,主动做好配合工作,共同提高服务质量。要鼓励员工向先进学习并争当先进。

六、遵纪守法,廉洁奉公

遵纪守法,廉洁奉公也是前厅服务员的一项基本品质和应遵循的重要道德规范。遵纪就是应遵守酒店规定的各种行为规范;守法就是遵守国家的法律,也包括执行国家的政策。廉洁奉公就是自觉抵制各种不正之风,坚持原则,不徇私情、不谋私利,坚持严谨的工作作风。

1. 自觉遵守职业纪律

良好的纪律是完成任务的可靠保证,酒店前厅工作更是如此。因为前厅的岗位多、人员多、分工细致、工作繁忙,这就要求服务人员必须养成自觉的纪律观念,自觉遵守酒店、部门的各种规章制度,这是统一协调做好工作的前提和保证。如果各行其是,就会使服务工作因某个环节出差错而导致全局混乱。

严明的组织纪律是做好前厅服务工作的保证,是集体主义精神的具体体现,是服务人员应有的基本品德。员工要培养严格的组织纪律观念,遵守单位的规章制度和操作规程,努力养成自觉服从的意识和自觉遵守职业纪律、执行规章制度的习惯。

【案例 1-9】

行李寄存数量不清

某日晚,一个旅游团队进店,他们的行李较多,有八包蚕丝被在酒店行李房寄存。他们原定于第二天早晨离店时取走行李,但是当日晚经手服务的行李员未对寄放的蚕丝被办理寄存手续,也未做数量交接和交班记录。第二天早晨行李员也未对蚕丝被的数量进行清点确认,导致一床蚕丝被被遗忘在行李房内,引起客人投诉。

【评析】这是一起典型的违规操作。首先,行李员必须先清点寄存行李数目并办理寄存手续,然后再做好交接班;其次,出行李时,团队行李应由领队确认后方可装车。员工应具备高度的责任心,只有具备高度的责任心才能保证服务的完善。

2. 严格执行政策法令

遵守国家法律法规,严格执行政策法令是前厅服务员正确处理个人与集体、个人与社会、个人与国家关系的行为准则。前厅服务员必须遵守国家法律、法规,自觉地执行行业和酒店的各项规章制度,遵守行业的纪律,执行服务质量标准,严格按操作规程办事。如果不严格执行政策法令,就会给国家、集体乃至个人带来极大的损失。

3. 树立主人翁的意识

树立主人翁的意识对前厅服务员来说,就是要把所有酒店前厅部的事情当作自己的事情来做,有一种强烈的、发自内心深处的一定要把事情做好、做完美的意识。有了主人翁意识的人,不管做什么事,不管事情有多艰难,都会全身心地投入。这种顽强、奋发的力量不是来自外界,而是来自内心迸发出来的激情,是一种自觉的追求,是一种责任的驱动。酒店员工要以主人翁的态度对待本职工作,关心酒店的前途和发展,并为酒店兴旺发达出主意、做贡献。

【案例1-10】

酒店真正的主人

某日,酒店总台收到了一份汇款单,一位客人给总台寄来了50元并在汇款单留言栏中表扬了总台服务员,热情洋溢的话语使前厅部每个人都感到很振奋。原来此位客人退房离开酒店后,发现遗落了一枚戒指。客人万分焦急,打电话至总台询问,总台服务员询问各处后得知戒指的确遗留在了酒店,立刻告知客人。客人询问总台可否将戒指寄送到他处,总台的服务员考虑到客人焦急的心情,答应了客人,在核实了客人的身份并询问了客人详细的地址后,用特快专递把戒指寄给了客人。考虑到物品贵重，总台服务员在自付了邮资的情况下又花了30元为邮品办理了保价。客人收到了物品后，愉快地将邮资寄回并表达了感激之情。

【评析】客人在遗落了诸如珠宝之类贵重物品后的焦急心情是可想而知的，作为一名总台服务员，在遇到客人求助时要急客人之所急、想客人之所想，设身处地地为客人着想，尽自己所能满足客人的合理要求，只有这样才能提高酒店服务质量。

七、钻研业务，提高技能

钻研业务，提高技能是酒店业共同的业务要求和道德规范，也是前厅服务员做好本职工作的关键。钻研业务、提高技能不只是一种业务要求，也是酒店业的一项重要的职业道德规范。前厅服务员的基本职业道德是为宾客提供优质的服务，员工的业务水平和技能是直接服务于此的。所以，员工自觉刻苦钻研业务，提高技能也就成了一种道德义务，如果只有做好工作的愿望，没有做好工作的本领，仍然有违职业道德要求。

一个有强烈职业责任感的员工，为了千方百计为宾客提供最佳服务，一定会自觉、努力地钻研业务、提高技能，把自己的职业责任感体现在优质服务中。这样的员工在酒店工作时间越长，他的业务技能和道德水准也提升得越快。

1. 要有崇高的职业理想

在酒店前厅服务工作中，每一个前厅服务员都要树立崇高的职业理想。初级层次的职业理想是为了解决温饱和谋生，具有普遍性；中级层次的职业理想是为了发展个性、发挥专长、施展才智，使工作适合自己的能力和爱好，表现出多样性；高级层次的职业理想是为了承担社会义务，即"奉献社会"，具有崇高性。

2. 刻苦钻研，不断进取

刻苦钻研，不断进取是重要的职业道德规范。前厅服务员只有拥有丰富的业务知识、熟练的职业技能以及过硬的基本功，才能为宾客提供优质服务。而要拥有过硬的基本功，就要扩大知识面，认真钻研技术，提高服务技巧和技术水平，虚心学习，干一行、爱一行、钻一行，并将所学知识运用到工作实践中，不断改进操作技能。

 **思考题**

1. 什么是职业道德?
2. 对于前厅服务员和酒店来说职业道德的作用是什么?
3. 良好的职业道德的内容有哪些?
4. 在酒店服务中,如何对宾客做到不卑不亢、一视同仁?
5. 在酒店工作中,怎样才能做到敬业乐业、快乐工作?

职业模块 ② 前厅服务基础

培训课程1　前厅接待礼仪
培训课程2　服务心理
培训课程3　前厅服务质量

培训课程 1

前厅接待礼仪

一、礼仪

1. 礼仪的含义

礼仪是社会、道德、习俗、宗教等方面的行为规范，是人们文明程度和道德修养的一种外在表现形式。礼仪是现代文明的重要组成部分，它体现的宗旨是尊重，既是对人也是对己的尊重。这种尊重总是同人们的生活方式有机地、自然地、和谐地融合在一起，成为人们日常生活、工作中的行为规范。这种行为规范既包含着个人的文明素养，也体现出人们的品行修养。

礼仪包括人的仪容、仪表、姿态、服饰和风度等。现代服务礼仪属于职业礼仪的一种，是指在各种服务工作中形成并得到共同认可的礼节和仪式，是前厅服务员在对宾客服务的过程中恰当地表示对宾客的尊重和与宾客进行良好沟通的技巧和方法。

2. 礼仪的特点

在酒店前厅接待服务中，宾客的需求除了物质条件外，更重要的是在精神生活上的满足。酒店服务行业是与宾客面对面打交道的行业，注重礼仪对前厅服务员来说具有特别重要的意义，酒店前厅接待工作与礼貌、礼节和礼仪行为有着密不可分的联系。前厅服务员要提供优质的服务"产品"，前提是必须掌握规范的礼仪操作规程并具备礼貌的待客态度。礼仪具有如下三个特点。

（1）沿袭性

礼仪的沿袭性是指礼仪形成本身是动态发展的过程，是在风俗和传统变化的过程中通过继承和发展而形成的行为规范。礼仪一旦形成，就有一种相对独立性，现在的礼仪形式就是从历史中继承下来的，而优秀的礼仪还要继续传承下去，那些不合时宜的则会逐渐被抛弃。礼仪的沿袭和继承是不断扬弃的过程。

（2）国际性

礼仪是全社会约定俗成的，是全社会共同认可、普遍遵守的准则。礼仪代表一个国家、一个民族、一个地区的文化习俗特征。不少礼仪是全世界通用的，具有全人类的共通性。随着国际交往的不断增进，各个国家、地区和不同民族所惯用的一些礼仪形式为世界范围内的人们所共同接受和使用，逐渐形成了一些更加规范化、专门化的国际礼仪。

礼仪的国际性表明社会中的规范和准则必须得到全社会的认同，才能在全社会中通用。现代礼仪兼容并蓄，融会世界各个国家的礼仪之长，并随着经济和文化的交流更加国际化、更加趋同化。

（3）时代性

世界上任何事物都是发展变化的，礼仪虽然有较强的相对独立性和稳定性，但也毫不例外地会随着时代的发展而发展变化。如，随着国际交往的不断增进，各国各民族的礼仪文化都会互相渗透，尤其是西方礼仪文化引入中国，使中华礼仪在保持传统民族特色的基础上，也发生了变化。

3. 礼仪的基本原则

（1）敬人

敬人包括尊敬他人和尊敬自己，维护个人乃至组织的形象。前厅服务员在对客服务过程中，要敬人之心常存，处处不可失敬于人，不可伤害宾客的个人尊严，更不能侮辱宾客的人格。前厅服务员不可损人利己，既要严于律己，更要宽以待人，对人要理解宽容，要豁达大度，有气量。

（2）遵守、尊重

在对客服务中，每一位前厅服务员都必须自觉、自愿地遵守礼仪，用礼仪规范自己在交往活动中的言行举止；同时还要遵守时间，信守承诺。这样，才能赢得宾客的尊重。

同时，前厅服务员应尊重宾客的风俗、习惯，了解并尊重宾客的禁忌，如果不注意禁忌，就会在服务过程中产生障碍和麻烦。

（3）自律

自律是礼仪的基础和出发点。学习、应用礼仪，最重要的就是要自我要求、自我约束、自我对照、自我反省、自我检查。自律就是自我约束，就是按照礼仪规范严格要求自己，知道自己该做什么、不该做什么。前厅服务员首先应检查自己的行为是否符合礼仪规范的要求，应做到"严于律己，宽以待人"，这样才能赢得宾客的尊敬和好感。

（4）适度

适度就是把握分寸，应用礼仪时要注意把握分寸，认真得体。礼仪是一种程序规定，而程序本身就是一种"度"，无论是表示尊敬还是热情都有一个"度"的问题，没有"度"，应用礼仪就可能进入误区。

（5）真诚

应用礼仪时，务必诚信无欺、言行一致、表里如一。真诚就是在交际过程中做到诚实守信，不虚伪、不做作。交际活动作为人与人之间传递信息、交流情感、沟通思想的形式，如果缺乏真诚就不可能达到目的，更无法保证交际效果。

（6）平等

平等是礼仪的核心，即尊重交往对象，以礼相待，对任何交往对象都一视同仁，给予同等程度的礼遇。

礼仪是在平等的基础上形成的，是一种平等关系的体现，其核心是尊重以及满足相互之间获得尊重的需求。前厅服务员在服务活动中既要遵守平等的原则，也要善于理解宾客在具体条件下的一些行为，不应过多地挑剔宾客的行为。

4. 礼仪的作用

礼仪是人类为维系社会正常生活而要求人们共同遵守的道德规范，在人们长期共同生活和相互交往中逐渐形成，并且以风俗、习惯和传统等方式固定下来。对一个人来说，礼仪是思想道德水平、文化修养、交际能力的外在表现，对一个社会来说，礼仪是社会文明程度、道德风尚和生活习惯的反映。重视、开展礼仪教育已成为道德实践的一个重要内容。

在社会生活中，礼仪约束着人们的态度和动机，规范着人们的行为方式，协调着人与人之间的关系，维护着社会的正常秩序，在社会交往中发挥着巨大的作用。

（1）约束行为

礼仪作为行为规范，对人们的社会行为具有很强的约束作用。礼仪一经制定和推行，久而久之，便会形成社会的习俗和行为规范。任何一个生活在某种礼仪习俗和规范环境中的人，都会自觉或不自觉地受到该礼仪的约束。自觉接受礼仪约束的人是成熟的人的标志，不接受礼仪约束的人，社会就会以道德和舆论的手段来对其加以约束。

（2）教化行为

礼仪具有教化作用。一方面，礼仪作为一种道德习俗，对全社会的每个人都有教化作用；另一方面，礼仪的形成和完备会成为社会传统文化的重要组成部分，不断地由老一辈传继给新一代，世代相继、世代相传，以一种道德习俗的方式对全社会的每一个人发挥教化作用。人们可以通过对礼仪的学习和应用，建立新型的人际关系，从而在交往中严于律己、宽以待人，互尊互敬、互谦互让，讲文明、懂礼貌，和睦相处，形成良好的社会风尚。

（3）调节人际关系

礼仪具有调节人际关系的作用。一方面，礼仪作为一种规范和程序，作为一种文化传统，对人们之间的人际关系起着规范、约束和及时调整的作用；另一方面，某些礼仪形式、礼仪活动可以化解矛盾并建立新关系模式。在人际交往中，自觉地执行礼仪规范可以使交往双方的感情得到沟通，在向对方表示尊重、敬意的过程中，获得对方的理解和尊重。人们在交往时以礼相待，有助于使人们互相尊重，建立友好合作的关系，缓和或避免不必要的矛盾和冲突。

在现实生活中，人们的相互关系错综复杂，有时会突然发生冲突，甚至会采取极端行为。礼仪有助于促使冲突各方保持冷静，缓解已经激化的矛盾，使人与人之间的感情得以沟通，建立相互尊重、彼此信任、友好合作的关系，进而有利于各项事业的发展。

二、仪表礼仪

仪表是指人的外表，包括容貌、姿态、风度以及个人卫生等方面。仪容在某种程度上也是仪表所包括的内容，泛指人的外观、外貌。

仪表美对于酒店前厅服务员的作用是不可轻视的，在很大程度上影响着对宾客服务的效果。端庄、整洁、得体的仪表可以使宾客产生好感，留下深刻而美好的印象。

酒店前厅是宾客进入酒店的第一个接触点，又是离开酒店的最后接触点，是给宾客第一印象和最后印象的部门，直接关系到宾客对酒店的满意程度和整体印象。因此，前厅被认为是整个酒店的核心部门，前厅服务员的仪表礼仪显得尤为重要。

1. 仪表礼仪

（1）注重仪表仪容的重要性

1）仪表仪容是树立酒店良好形象的前提和基础。酒店形象取决于两个方面：

一是提供的产品与服务的质量水平，二是员工的形象。在员工形象中，员工的仪表仪容是最重要的表现，其在一定程度上体现了酒店的服务形象，而服务形象是酒店文明的第一标志。

酒店前厅接待工作的特点是直接面向宾客并为其提供服务，这使得前厅服务员的一言一行、一举一动都在宾客的关注之下，前厅服务员的一句话、一个手势或一次不规范的着装，都将直接影响酒店的公众形象，进而直接影响酒店的整体形象。

酒店员工良好的仪容仪表在一定程度上反映了酒店的管理水平和服务水平，是酒店树立良好的公众形象的前提和基础。宾客对酒店员工的第一印象是至关重要的，而第一印象的产生首先来自一个人的仪表仪容。良好的仪表仪容会令人产生良好的第一印象，从而对酒店产生积极的宣传作用，同时还可以弥补某些服务设备、设施方面的不足；反之，不好的仪表仪容往往会令人望而生厌，即使有热情的服务和一流的设施也不一定能给客人留下好的印象。

2）注重仪表仪容就是尊重宾客的需要。前厅服务员的仪表仪容会在宾客的心理上引起某种感觉，如果尊重宾客，就应该通过仪表仪容体现对宾客的重视，让宾客感觉轻松愉悦。注重仪表礼仪可以让宾客感觉自己的身份地位得到相应的承认，宾客希望受到尊重的心理也会得到满足。

良好的仪表仪容可以缩短服务人员与宾客之间的心理距离。酒店员工如果具备良好的仪表仪容，会令宾客感到赏心悦目，在脑海中留下深刻的印象，从而缩短彼此交流与沟通的距离。如果宾客在酒店接触到的都是不修边幅、蓬头垢面、衣着不整的服务人员，宾客就会心生厌烦，再也不会光顾这家酒店。

3）仪表仪容反映了酒店的管理水平和服务质量。前厅服务员的仪表仪容可以反映出一家酒店的管理水平和服务水平。在当今市场竞争激烈的形势下，酒店的设施、设备等硬件已大为改善，而作为软件的服务人员的素质成为酒店提高竞争力的关键因素。前厅服务员的仪表仪容在一定程度上反映了服务人员的素质和酒店的管理水平。

一家酒店的管理水平必然在员工的仪表仪容和精神风貌上有所体现。由此可见，前厅服务员的仪表仪容是酒店不可忽视的重要因素，是反映酒店管理水平和服务水平的重要组成部分。前厅服务员是酒店的先锋部队，也是酒店宾客首先接触的员工，所以员工的一举一动都关系到酒店的形象及声誉。

4）适当的仪表仪容是增强前厅服务员自信心的有效手段。酒店员工整齐、得体的仪表仪容,可以在一开始就给宾客留下美好的印象,而优雅、得体的仪表仪容不仅会使客人感到赏心悦目,而且会令员工产生一种自豪感与满足感。人的自信心一方面来自外界的肯定、赞扬与积极评价,另一方面来自良好的自我感觉。好的仪表仪容会带给员工一份好心情,使员工工作起来信心倍增、充满活力。

每个人都有自我尊重的需要,也愿意获得他人的关注与尊重。作为一名酒店前厅服务员,只有注重仪表仪容,从个人形象上反映出良好的修养与蓬勃向上的生命力,才有可能受到宾客的称赞和尊重,才会对自己良好的仪表仪容感到自豪和自信。良好的仪表仪容是员工努力工作的动力,能体现员工的自尊自爱。

(2)酒店员工注重仪表仪容的原则

1)注重个人卫生。酒店员工要特别注重个人卫生。个人卫生是酒店向宾客提供优质服务的基础和前提,也是良好的仪表仪容所必须具备的基本要求。整洁、卫生是树立良好个人形象的首要条件。

2)讲究规范性。酒店员工工作时必须穿统一的工作服,男员工和女员工在上班时,穿着、化妆和清洁方面都必须统一规范,并遵循酒店的要求,不能过分新潮或怪诞,否则容易与客人产生隔阂,让客人避而远之。一般酒店对员工的仪表仪容都有一整套规定,以做到"有法可依";而同时,在工作中还要经常督促和检查员工,做到"有法必依"。

3)强调和谐统一美。仪表仪容美是一种整体的美,也是一种与周围环境相协调的美。酒店员工的仪表仪容要与所处的环境相称,这样才有可能塑造出和谐美的形象。自然大方的装扮,能使人产生平易近人、亲切友好的感觉。在追求仪表仪容美时,浓妆艳抹反而适得其反。仪表仪容要和人的言谈、举止以及修养等相联系、相适应,并融为一体。

外表美是由姿态的正确、身体的洁净、外表的文雅、指甲的干净、皮肤的健康、牙齿的白净、头发的修整、服饰的配套等各种因素构成的,不注意整体的和谐统一,就不可能体现出真正的美。

4)注重培养个人修养。仪表仪容美是人内在美与外在美的统一。真正的美,应该是个人良好内在素质的自然流露。前厅服务员要想有好的仪表仪容,要想在为宾客服务时给宾客以良好的印象,就必须从文明礼貌、文化修养、道德情操、知识才能等方面不断提高个人修养。仪表仪容要产生魅力,还在于注重外在美和内在美,即仪表美与心灵美的统一,否则,只会使人厌恶。

（3）仪表仪容的具体要求

1）头发。头发整洁，无异味。要经常理发、洗发和梳理，以保持头发整洁，没有头屑，发型大方、得体。男员工头发长度要适宜，前不及眉，旁不遮耳，后不及领，不能留长发、大鬓角，也不得油腻和有头皮屑。女员工在岗上不能留怪异的发型，头发应梳洗整齐，刘海不要及眉，头发过肩最好扎起来，不要戴太夸张的发饰，应戴轻巧大方的发饰，以深色小型为好，不可夸张耀眼，头发不得掩盖眼部或脸部。

2）面部。为了使自己显得容光焕发、充满活力，男员工胡须要剃净，面部要干净，口气要清新，鼻毛不能过长，痰、鼻涕一类的"杂物"应及时清理，清理时，要避开他人目光。女员工可适当化妆，但应以浅妆、淡妆为宜，不能浓妆艳抹，应避免使用气味浓烈的化妆品。

3）指甲。要经常修剪和洗刷指甲，不能留长指甲，指甲的长度不应超过手指指尖。男员工不得留指甲，指甲要清洁，指甲内不得藏污垢；女员工不得留太长的指甲，不宜涂有色的指甲油。

4）个人卫生。应做到勤洗澡、勤换衣袜、勤漱口，保持牙齿、口腔清洁，身上不能留有异味。上班前不能喝酒，忌吃葱、蒜、韭菜等刺激性食物。上班时间和与人交谈时，不应嚼口香糖。应注意保持口腔清洁，养成勤刷牙、勤漱口的卫生习惯。应注意勤换衣袜，尤其要注意保持领口、袖口、上衣前襟等易脏处的清洁；不洁净的袜子容易发出异味，尤其在炎热的夏天更应当注意。应尽量少抽烟，不喝浓茶。女员工的鞋袜要清洁，要穿酒店规定的袜色，鞋子每天上班前要擦亮，不得用味道较浓的香水。

5）化妆。化妆的目的在于使人的精神面貌焕然一新，服务人员适度的化妆也是对客人尊重的一种表现。服务人员特别是女员工一般应根据岗位及接待礼仪的要求化妆。

前厅服务员应当明确化妆的目的和作用，扬长避短、讲究和谐、强调自然美。要根据自己的工作性质、面容特征化妆，妆容一定要讲究得体和谐，一味地浓妆艳抹、矫揉造作会令人生厌。

化妆时要根据自己的面部肤色选择化妆品，面部化妆应与自己原有肤色恰当地结合，才会显得自然、协调。妆容要依据自己的脸形合理调配。

2. 仪态礼仪

前厅服务员是酒店形象的代表，身兼酒店的推销员、公关员、调解员、信息资料员以及业务监督员数职。酒店成功经营与否、客人对酒店的印象如何等往往取决于酒店前厅服务员的素质。

仪态是指人的姿态和风度。姿态是指身体（在站、坐、行、蹲等各种形态中）的姿势，风度则是一个人精神、气质、举止、行为等的外在表现，是以内在素质为基础的性格、品质、文化、道德和修养的自然流露。

（1）仪态

1）仪态可以传达思想感情。在酒店的日常工作中，人们经常会借助人体的各种姿态表达感情，这就是通常所说的"体态语言"。体态语言是一种无声的"语言"，其传递的个人信息非常直观，是用动作和表情表达人的意图、传递人的情感。良好的仪态能够传达健康、友好的思想感情；美的仪态会使人产生与之接近、与之沟通的愿望；举止得体、风度优雅的社交形象必然受人欢迎、受人尊重。

用优美的仪态表情达意，往往比语言更让人感到真实、生动。其中，肢体语言在表达中起着非常重要的作用。在前厅服务员的工作中，肢体语言的重要性甚至在某种程度上超过了语言本身。前厅服务员在运用语言表达时，应当恰当地使用肢体语言，与其他表达方式共同营造让客人感到满意的交流氛围。

2）仪态可以真实地反映心理活动。仪态是人们在外观上可以明显察觉到的活动、动作以及在进行活动、动作时身体各部分呈现出的姿态。肢体语言比有声语言更具有真实性和可靠性，肢体语言所显示的意义要比有声语言多而深刻，因为有声语言一般经过理智的处理，可以被发言者控制与加工，从而把所表达的意思大部分甚至绝大部分隐藏起来；而肢体语言大多是发自内心深处，是难以压抑和掩盖的。在对客服务中，前厅服务员一方面要根据宾客的仪态分析其心理，然后进行有针对性的服务；另一方面自己也应把握与控制仪态，更好地为宾客服务。在对客服务中，优雅的仪态可以体现出自己良好的礼仪修养，给宾客留下良好的印象。

（2）酒店仪态礼仪的具体要求

1）表情。表情是人的思想感情和内在情绪的外露，通过人的面部表情和姿势的变化表现出来。表情属于第一印象，在前厅服务员对客服务时给人的各种印象中，表情占有相当大的比重。面部是人体中最能传情达意的部位，可以表现出各种复杂的思想感情。

眼睛是心灵的窗口，能表达复杂、微妙的感情。它能如实地反映人内心的思想感情，如实地反映人的思维活动。人们通过眼睛这扇窗户，既可以丰富地表达自己的情感，又可以洞察对方的内心世界。

前厅服务员的目光应是坦然、热情的。冷漠、傲慢的目光都是不健康的，也是不会被宾客所接受的，只能使宾客在内心中产生抵触情绪；左顾右盼、挤眉弄眼更是极为不礼貌的。酒店服务员与宾客每次目光接触的时间不要超过 3 s。在交流过程中，酒店服务员用 60%~70% 的时间与宾客进行目光交流是最适宜的，少于 60%，会显得对宾客的话题、谈话内容不感兴趣；多于 70%，则显得对宾客本人的兴趣要多于他所说的话。

在与宾客交谈时，应当不断地通过目光交流调整交谈的气氛。交谈中，应始终保持目光的接触，随着话题、内容的变换，做出及时、恰当的反应。

2）微笑。在对客服务中，微笑是非常重要的。微笑是调和剂，是服务中制胜的法宝，是人们内心喜悦情感的自然外露。它是自信的表现，是礼貌的表示，能够给予宾客积极的信息。微笑还能使人时刻保持良好的工作情绪，以做到周到细致的服务。

微笑服务表现了前厅服务员的礼貌修养。只有前厅服务员对自己从事的职业有了肯定的认识，在服务的过程中对自己从事的职业有较深刻的情感和情绪体验，认识到微笑服务的意义和作用，才能以强烈的责任感和饱满的热情全身心地投入工作中去，自觉地为客人提供微笑服务。

微笑能迅速地缩短彼此间的心理距离，创造出和谐、融洽的良好氛围，在交流与沟通中起到润滑剂的作用。微笑，在酒店服务中是一种特殊的情绪语言。它可以在一定程度上代替语言的解释，起到无声胜有声的作用。只有真诚的微笑才能打动宾客、感染宾客，令宾客感到满意和愉快。

【案例 2-1】

微笑的魅力

一天，一位客人怒气冲冲地来到酒店总台投诉，说他放在房间的西装不见了，酒店的客房不安全。总台服务员耐心听完客人的投诉后，面带笑容轻声问清楚客人西装的颜色、尺寸和品牌后，拿出一件西装交给客人认领。原来，西装是客人中午用餐时丢在餐厅的。客人接过西装非常高兴，同时为自己刚才的态度表示歉意。临走时，还微笑地对总台服务员说："谢谢你，你的微笑很温暖。"

【评析】微笑是酒店的阳光，能带给客人美好的感觉。微笑能向人表达善意，给人以温暖。希尔顿酒店的创始人希尔顿先生说过："我宁愿住进虽然地毯陈旧，但处处能见到微笑的饭店，也不愿住进只有一流设备而不见微笑的饭店。"

在酒店的对客服务中，员工脸上彩虹般的微笑是酒店品牌上灿烂的光环。

3）站姿。前厅服务员站立时头要正，两眼平视前方，嘴微闭，脖颈挺直，表情自然，稍带微笑；肩膀微微放松，稍向后下沉；两肩平整，两臂自然下垂，中指对准裤缝；挺胸收腹，臀部向内、向上收紧；两腿立直、贴紧，脚跟靠拢，两脚夹角成60°。

① 叉手站姿是一种常用的接待站姿，其具体要点为两手在腹前交叉，右手搭在左手上直立；男员工可以两脚分开，距离不超过20 cm；女员工可以用小丁字步，即一脚稍微向前，脚跟靠在另一个脚内侧。站立较久时身体重心可以在两脚间转换，以减轻疲劳。

② 背手站姿，其具体要点为双手在背后交叉，右手贴在左手外面，放置于两臀之间；两脚可分可并，分开时不超过肩，脚尖展开，两脚夹角成60°；挺胸立腰，收颌收腹，双目平视。这种站姿优美中略带威严，易产生距离感。如果两脚改为并立，则突出了尊重的意味。

③ 背垂手站姿，其具体要点为一手背在后面，贴在臀部，另一手自然下垂，中指对准裤缝，两脚既可以并拢也可以分开，或者成小丁字步。男员工多用这种站姿，显得大方、自然、洒脱。

与宾客谈话时，要面对对方，保持一定的距离；要尽量保持身体的挺直，不可歪斜、倚靠着墙壁和桌椅而站。谈话时双腿分开距离过大或交叉双腿，都是不雅观和失礼的行为；同时手中也不要玩弄物品，那样会显得心不在焉，同样是不礼貌的行为。

4）走姿。前厅服务员走路的姿态以站姿为基础，始终处于运动中，体现一种动态的美。走路时需抬头挺胸，上身直立，双肩端平，两臂与双腿反向自然交替甩动，手指自然弯曲，身体重心略微前倾；行走动作连贯，从容稳健；通常应靠道路的右侧行走，遇到宾客和同事要主动问好。若步态不雅，如左右摇晃、弯腰驼背、左顾右盼、鞋底蹭地、八字脚、碎步等，会给人留下很不好的印象。

在行走的过程中，应避免吸烟、吃东西、吹口哨、整理衣服等行为；上下楼梯时，应请尊者、女士先行；多人行走时，注意不要因并排行走而占据路面；行进的速度应保持均匀，不要忽快忽慢；在正常情况下，步速应自然舒缓，以表现出成熟、自信。

女员工在较正式场合中的行进轨迹应该是一条线，即行走时两脚的内侧在一条直线上；行走时应两膝内侧相碰，收腰提臀挺胸收腹，肩外展，头正、颈直、收下颌。男员工在较正式场合中的行进轨迹应该是两条线，即行走时两脚的内侧应是在两条直线上。

5）坐姿。正确的坐姿是在其身后没有任何倚靠时，上身正直而稍向前倾，头平正、两肩放松、下巴向内收、脖子挺直、胸部挺起并使背部与臀部成一直角，双膝并拢，双手自然地放在双膝上或放在椅子上。这样可以显得比较精神，但须注意不宜过于死板、僵硬。即便背后有倚靠时，在正式社交场合也不能随意地把头向后仰靠，显出很懒散的样子。

女员工落座时通常应轻缓地走到座位前，转身后两脚成小丁字步，左前右后，两膝并拢的同时上身前倾，向下落座。如果穿的是裙装，在落座时要用双手在后边从上往下把裙子拢一下，以防在裙子上坐出皱纹或因裙子被打折坐住而使腿部裸露过多。坐下后，应上身挺直、双肩平正，两臂自然弯曲，两手交叉叠放在两腿中部并靠近小腹；两膝并拢，小腿垂直于地面，两脚保持丁字步。

男员工的坐姿通常是上身正直上挺，双肩正平，两手放在两腿或扶手上，双膝并拢，小腿垂直于地面，两脚自然分开成45°。前厅服务员无论坐在椅子还是坐在沙发上，最好不要坐满，只坐椅子的1/2或2/3，也不要随意跷二郎腿。

6）手势。手势是传情达意的一种交际工具，正确适当地运用手势，可以增强情感表达的效果。手势是酒店服务工作中必不可少的一种体态语言，酒店前厅服务员手势的运用应当规范适度，且符合礼仪。在运用手势时，应注意以下两点。

第一，在运用手势引路、指示方向时，应注意手指自然并拢，掌心向上，以肘关节为支点，前臂自然伸直指示目标，切忌伸出食指指点。在任何情况下，都不要用拇指指着自己或用食指指点他人，因为用食指指点他人是不礼貌的行为，食指只能指物品；而在谈到自己时则应用手掌轻按自己的左胸，这样才会显得端庄、大方、可信。

第二，通过手势，可以表达介绍、引领、请、再见等多种含义。手势一定要柔和，但不能拖泥带水。

7）引导。接待人员带领宾客去往目的地时，应使用正确的引导方法和引导姿势。

第一，在走廊引导时，接待人员要走在宾客两三步之前，配合宾客的步调，并让宾客走在内侧。

第二，当引导宾客上楼时，应请宾客走在前面，接待人员走在后面；若是下楼时，应由接待人员走在前面，宾客走在后面。上下楼梯时，接待人员应注意宾客的安全。

第三，引导宾客乘坐电梯时，接待人员应先进入电梯，等宾客进入后关闭电梯门；到达时，接待人员应按住"开"的按钮，让宾客先走出电梯。

第四，当宾客走入客厅，接待人员应用手势指示，请宾客坐下，看到宾客坐下后，才能行点头礼后离开。如宾客错坐下座，应请宾客改坐上座。

（3）服务人员的服饰要求

酒店服务人员美观大方的服饰可以带给宾客悦目的感觉，更可以体现出酒店的精神。得体而美观的服饰不仅会使穿着者神采奕奕、精神焕发，而且会使观看者感到赏心悦目、心境开阔。由工作人员服饰的美观，可以使宾客对酒店产生好感，对能够享受到优质的服务充满信心，最终使酒店达到增加客源、增加收益的目的。

从员工角度来说，一套得体、美观的服饰不仅能起到一定的规范作用，促使他们保持最佳的状态投入工作，为宾客提供最佳服务，还能体现出一种积极向上、团结一致的酒店精神。工作服饰是员工工作自豪感的说明书。

1）酒店的服饰要符合三个特征要求。

第一，整洁实用。酒店员工的服饰要整洁、得体。在酒店这一特定环境内，特别是在直接招待宾客的前厅部门，整洁是服饰最基本的要求。整洁的服饰不仅能使宾客享受视觉美感，而且还会使其产生一种心理上的安全感，对酒店市场的开拓和经济效益的提高有着不可忽视的作用。整洁的服饰既可以突出员工的精神面貌，也能够反映企业的管理水平和卫生状况。

工作服既不能像礼服那样正规、华贵，也不能像便装那样随意，一般要求整洁、大方、雅致。酒店服饰设计要考虑到穿着者的实际工作需要，工作服的选择与穿着从色彩到款式都不必过分引人注目，应庄重、清洁和整齐，以体现员工的精神风貌。

工作服有统一规范的要求，不能随意修改。要注意领子和袖口的洁净，注意保持制服整体的挺括。

第二，多样统一。讲究多样统一是酒店员工服饰美的基本原则。酒店员工的服饰应风格多样、款式不同但又局部统一。虽然这在很大程度上是出于工作需要，但在客观上也可以构成一种多样统一的服饰美感。对于接受单项服务的宾客来说，款式格调相同的员工服饰会令其感到井然有序；对于享用多种服务的宾客来讲，款式格调多样的员工服饰也会令其感到多姿多彩。酒店多样统一的服饰在客观上可以满足宾客的视觉审美需求，即总体的多样性和局部的统一性，并可以体现酒店井井有条、朝气蓬勃的面貌。

第三，和谐含蓄。衣着之美很大程度上在于"相称"，也就是衣着要与穿着者的职业、身份、年龄、性别相称，与周围的环境、场合协调。酒店员工的工作服饰同样要与工作环境在风格上和谐或互补，产生美感。这种美不光来自服饰本身，更重要的是来自服饰与酒店总体风格、装修布置、环境氛围的协调，这样才能让酒店服饰成为一道亮丽的、流动的风景。

服饰与环境的和谐还反映在色彩平衡方面。一般酒店员工的服饰与环境均宜使用中性色，以创造一种沉稳、柔和、明洁和淡雅的美感，使宾客在安静轻松的氛围中解除身心疲劳。

2）前厅服务员的服饰要求。前厅是宾客进入酒店的必经通道，也是酒店给宾客留下第一印象的关键环节，因此，前厅服务员服饰设计所追求的目标就是给宾客留下良好的第一印象。宾客可以接触到的前厅服务员主要有门童、行李员、总台服务员、商务中心员工和大堂副理。

门童和行李员是酒店为宾客提供第一项服务的人员，他们的服饰应能代表酒店的特色。服饰的式样上有西装式驳领，有中山装式门襟，也有燕尾服式的下摆；为了表达酒店的热情待客之礼，色彩上一般可使用大红、金黄和黑色搭配，红色体现热情，黑色代表稳重，而金黄色的肩饰、纽扣等又可为服饰增添活力。有的酒店为了配合其建筑外观或装修风格，还在门童和行李员服饰的门襟、帽檐、袖口等处别出心裁地设计了一些具有民族特色的花纹镶边。

总台服务员服饰，宜选素雅、明朗、单纯的色彩，大多采用西装系列，以表现沉稳与优雅。一般酒店都相当重视总台服务员的服饰，因为总台服务员是与宾客接触较多的员工，他们的形象直接代表酒店的形象。

商务中心员工的服装应明显区别于管理人员。首先是色彩，宜用明快的色调，如天蓝、灰绿、蓝紫、橙黄等；其次是领饰，女员工不宜打领带，而多用飘带、领巾并折成三角形或蝴蝶状等，男员工可使用条纹或简单花纹领带，但应尽量避免与管理人员雷同。而大堂副理服饰可选择西装，色彩要求体现沉稳，以深色调为佳，可使用领带或领结。

鞋是服装的一部分。前厅服务员一般在工作岗位上应穿皮鞋，每天应当把皮鞋擦得干净、光亮，不要穿白色线袜或有破洞的袜子。如果有些工种需穿布鞋，同样也应保持洁净。男员工的袜子颜色应与鞋子的颜色协调，通常以黑色为好。女员工应穿与肤色相近的丝袜，丝袜是女员工的第二层皮肤，不能有挑丝。

要佩戴好名牌。穿制服时要佩戴名牌，无论是哪一个具体部门的员工，均应把名牌端正地佩戴在左胸上方。在工作场合不宜佩戴首饰（手表、戒指可例外），前厅服务员尽量不要戴眼镜，在任何岗位上的员工均不能戴有色镜。

三、沟通礼仪

前厅服务员在酒店内部管理或对客服务环节中，与宾客、下属、同事的沟通水平直接影响其工作流畅性及服务的质量。只有有效增强和提高酒店前厅服务员与下属或宾客的沟通能力，使其能够在工作期间采用适当的沟通风格和技巧，并掌握更有效的交流手段以提高团队人员的工作效率，他们才能更好地满足宾客的要求，才能建立酒店与宾客的良好关系，使酒店长期地吸引宾客。

酒店前厅接待服务质量的好坏在很大程度上取决于酒店前厅服务员和宾客关系的好坏，而良好的关系又是建立在有效沟通的基础上的。作为前厅服务员，只有恰如其分地运用沟通技巧，才能与宾客建立融洽的关系，更好地为宾客服务。

1. 沟通礼节

沟通是人与人之间交换意见、观点、情报或情感的过程，这一过程是通过语言和非语言行为来完成的，是一切人际关系实现的前提，是建立人际关系的手段和途径。

第一印象对人际交往而言是非常重要的，交往过程中给人印象最深的常常是第一次接触所留下的印象。而优美的仪表、仪态，真诚的微笑，无微不至的关怀则是给宾客留下美好的第一印象的关键。

（1）沟通的意义

1）传递信息。前厅服务员需要通过收集、传递、解释信息来发布或接收工作指令，了解与解决工作中的问题。通过信息沟通进行感情交流，从而与沟通对象建立一种和谐稳定的人际关系。

前厅服务员是与宾客面对面接触的，在与宾客的良好沟通中，可以获得大量的信息，并可以在第一时间获得宾客对酒店的看法和意见，而前厅部如果能及时掌握宾客的信息，就能够为宾客提供有针对性的服务。与宾客的良好沟通，能及时地化解服务过程中的疏漏,让每一位宾客都满意而归。另外,前厅服务员还可以获知宾客对酒店其他部门的想法和建议,如果能由前厅部将相关信息及时传递到其他相关部门,就可以促进宾客与酒店真正建立起融洽和谐的关系。

2)激励员工。在酒店管理过程中,一般容易出现下属不知道管理者在忙什么,而管理者也不知道员工在想什么的问题。酒店的管理层应该注意这个问题,并经常与员工进行沟通,无论时间长短,都会对公司和下属有非常大的影响。

在酒店日常工作中,沟通双方绝对不能因为地位的不同而以不平等的态度进行沟通。职务高者应平易近人,真诚地与下属交流,不可采取训话的方式。

沟通并不是单方面的滔滔不绝,而是双方各抒己见。作为主管,只有与员工进行良好沟通,才有可能与对方情感相融,产生共识。

【案例 2-2】

小李的进步

新员工小李进店以来,由于业务不熟练,工作中经常出现差错,他心里很着急。有一次,在给客人办入住手续时,因为她动作较慢,引起了客人的不满,客人生气地对她发脾气。前厅经理得知了这一情况,在下班后找小李谈心。在耐心地了解了情况后,经理一点也没有批评小李的意思,而是和小李聊家常,并鼓励她不要紧张、慢慢适应。事后,经理安排领班多帮帮小李。

在经理的鼓励和领班的帮助下,小李进步很快,不久就适应了工作,还不断受到客人的点名表扬。

【评析】管理人员在与员工交流时,一定不能一味批评,要多鼓励、多表扬。特别是在员工犯错误的时候,表扬的效果往往好于批评,要本着帮助员工的态度激励他们。

3)表达情感。酒店前厅服务员在为宾客提供服务时,要与宾客积极沟通交流,向宾客表达情感。在服务中,要满足宾客的多元化需求,不能忽略宾客的心理感受和真正的需要。如通过在叫醒服务中增加一次叫醒时间以便确认宾客是否已经睡醒及将当天的天气情况介绍给宾客,方便宾客出行等方式来表达员工关怀宾客的情感。

在酒店服务工作中,上下级之间也需要多沟通,多交流感情。要注意的是,沟通的目的是达到目标,而不是信口开河地批评对方。

管理者与员工的沟通效果,最终还是要看他个人的行为。管理者和员工谈组织纪律,可是自己的行为和说的不一样,就无法做到有效沟通。这是因为管理者的行为与其言语大相径庭,员工将很难信服。

谁洗了我房间的地毯

怀特先生是一家意大利汽车公司的总裁,对服务特别挑剔,他不仅把房间的所有家具都换成了自己的,还经常向经理提出一些服务上的建议,使得所有服务员对怀特先生都格外重视。一天,大堂经理查房时,发现怀特先生房间的地毯有点脏了,立即派相关人员清洗了地毯。当晚怀特先生回来时,发现地毯没有经他允许就被清洗了,不仅没有表扬服务员,反而立即向总经理提出了投诉。

【评析】 大堂经理是一番好意,想把房间整理得更干净,想向怀特先生表达酒店对他的诚挚情谊。可是在面对像怀特先生这样的客人时,要特别注意尊重客人自己的意愿。在对宾客进行服务时,首先要把客人的利益放在首位,其次还要掌握灵活应变的服务技巧,最终才能获得良好的服务效果。

(2)有效沟通的技巧

1)提高语言技巧。前厅服务员在接待宾客的过程中,自始至终离不开语言。其服务态度的好坏,职业道德水平的高低,首先便会从语言上体现出来。语言是用来传递信息的实际符号,是人类用来交流信息的常见的重要工具。只有当信息的发出者和接收者都能够清楚地理解信息的内容,语言才是有效的。沟通双方采用相同的语系,使用双方都能理解的话语是有效沟通的前提。

① 语速。语速要适宜,不要过快或过慢,也不要不合时宜地停顿。如果语速过快,宾客会反应不过来,甚至不明白员工在说什么;如果语速过慢,则会让宾客听了着急。所以,前厅服务员要经常地、有意识地锻炼自己的语速。

② 语调。说话者的语调可以影响信息的含义,从而影响沟通的效果。即使是陈述一个简单的问题,通过变换语调也都可以表达热情、关心和愤怒等不同情感。另外,情绪因素可直接影响说话的语调,所以作为酒店员工,应时刻注意调整自己的情绪状态,努力克制自己,避免因自己不好的情绪状态影响说话的语调,从

而传递错误的信息。如果员工不注意自己的说话语调，即使是稍有偏差，也会阻碍员工与宾客的有效沟通。

③ 清楚简洁。在沟通过程中，如果信息的接收者不能理解信息发出者所传递的信息，沟通就是无效的。有效的沟通必须简单、简短和重点突出。使用简明扼要的词句可以减少一些不必要的混淆。如果说得太多又没有重点，宾客可能会记不下来，甚至不明白其中的意思，导致沟通无效。合适的语速和清晰的发音可以保障沟通的有效进行，对一些特殊的宾客还要特殊对待。

④ 准确可信。前厅服务员在接待工作中首先要明确自己的工作职责，明确自己的工作任务。在沟通时适当考虑措辞，言语准确可信，让宾客有安全感。不懂和不知道的不要乱说，如果没有把握，可以直说："这个我也不太明白，我可以帮你查一查。"给宾客一个坦率的回答，反而能取得客人的信任。

戴先生和代先生

一天夜间，一位客人到酒店总台询问是否有一位姓"代"的客人入住酒店。总台当班人员查询后告诉客人姓"戴"的客人未入住酒店。于是这位客人就独自开了一间房住了下来。第二天，该客人向总台投诉，说那位姓"代"的客人昨天已入住酒店，他本来要和其住同一间房间的，因此要求酒店减免房费。

【评析】前厅服务员接待客人询问时，一定要确保所提供的内容清晰准确，应仔细向客人询问清楚后再作答，特别是未查到相关信息时，要再向客人核实一下，以确保自己的回答准确无误。

⑤ 幽默。当宾客心情不好时，幽默可以帮助宾客缓解情绪上的紧张，但要注意使用的场合和宾客的性格，不要弄巧成拙。在比较了解宾客，或者对待熟客的情况下，可以适当用幽默的方式进行沟通。幽默运用恰当，能收到意想不到的沟通效果；但如果运用得不恰当，则会让宾客觉得员工在幸灾乐祸，是在看宾客笑话。

2) 学会积极倾听。倾听在沟通中占的比重是40%，在对客服务中起着非常重要的作用。有一句西方谚语表达了人们应更多地注重倾听："上帝给我们两只耳朵，却只给了一张嘴巴，其用意是要我们少说多听。"

沟通是听和说的艺术，但是许多人根本没有意识到听的重要性。实际上，会沟通的人往往是更多地听别人讲，而不是滔滔不绝地讲给别人听。在某种程度上，倾听是前厅服务员在沟通中最重要的技巧，是取得客人的第一手信息、正确认识客人的重要途径，也是前厅服务员向客人表示尊重的最好方式。

许多人都认为自己善于倾听，然而相关研究表明，人们平均只发挥了25%的倾听水平。人们很多时候只是自认为在倾听，但诸多因素会对倾听造成妨碍，如环境因素、技能因素、态度情感因素等。

在倾听的过程中，要善于从表达者的口中了解他的情绪，同时要做出一些鼓励性的反应。这样做，可以让表达者感觉受到重视，也可澄清疑点与检验自己的理解是否正确，以更多地了解事实。

"我昨天就退房了"

一天，杨先生为访客在酒店订了一间客房。第二天，客人离去后，杨先生怕麻烦，不想去总台退房，此时刚好在楼层看到服务员小张，便对小张说，"小张，2302房退房了，钥匙给你"。小张误以为杨先生是让其保管钥匙，就把钥匙留在了工作间。第二天，当杨先生到总台结账时，发现多了一天的房费，便向大堂经理投诉。

【评析】前厅服务员在与客人交流时，应该仔细倾听客人的要求，如果没有听明白，应请客人重复一遍，千万不能不懂装懂、自作主张。本案例中小张没有听明白客人的意思就按自己的理解处理事情，结果导致客人不满。可见，在对客服务中，仔细倾听非常重要。

3）运用有效的肢体语言。据有关资料表明，在面对面的沟通过程中，来自语言文字的社交意义不会超过35%，换言之，有65%是以非语言信息即肢体语言传达的。肢体语言包括沟通者的动作、手势、面部表情、语音语调、目光等身体语言和副语言信息。

肢体语言的表达常常是无意识的，但常常比口头语言更为直接。人们在进行沟通时，即使一动不动地坐着，仍会在不知不觉中通过肢体语言流露出自己的真实情感。在沟通过程中，肢体语言往往比言语更能打动人。

对肢体语言的学习了解有助于前厅服务员开展日常的沟通工作，提高沟通效率。然而，真正将肢体语言有效地运用到沟通中却不是一件容易的事，其有两个前提：一是理解别人的肢体语言，二是恰当使用自己的肢体语言。

肢体语言能比口头语言表达更多的信息，因此，理解客人的肢体语言是理解客人的一个重要途径。从客人的目光、表情、身体运动与姿势以及彼此之间的空间距离中，前厅服务员都能够感知客人的心理状态。在理解客人肢体语言的基础上，站在客人的角度，替客人着想，才能使服务更有人情味，使沟通更顺利。

如果希望给客人留下好印象，前厅服务员就必须控制自己那些负面的肢体语言。在说话时，对自己的手势、姿态保持警觉，避免行为和言语出现矛盾，让客人产生不信任甚至是敌意。

2. 电话礼仪

一次来电，其内容可能是预订一次宴会、一次团购或者是一场大型商务会议的承包商定，如果不及时接听或者有所耽误，就可能对酒店造成经济损失；一次来电，可能是直接上级或质检部门对该酒店服务质量的暗访，如果接听怠慢，就有可能对酒店的声誉造成无法挽回的影响。很多酒店都因电话接听服务态度差、接听不及时等接到过客人投诉。因此，在前厅的任何一个岗位，接听电话都应及时、准确，并注重语言技巧。

（1）接听电话的礼仪

在前厅服务工作中，接电话者的表现很关键，直接影响酒店前厅部给予对方的第一印象。

1）及时接听。前厅服务员听到电话铃声要立即接听，来电铃响不应超过三声，这样才能体现酒店的工作效率。如果电话铃声响过数遍后才接听，会给人以不愉快的感觉。如果提起听筒以后接听者还和其他人说话，也会引起客人的反感。

2）问好并自报家门。接听电话要求用普通话，发音自然且准确，说话清晰。简单问候后，应迅速报出部门名称及个人姓名，语气要彬彬有礼，给人一种亲切感。通话时，听筒一头应放在耳朵上，话筒一头置于唇下约 5 cm，中途若需与他人交谈，则应用另一只手捂住话筒。

需要转接电话时，应请对方稍等片刻，然后转接，转接要及时准确。如果无法转接，应向对方致歉。需要适当的人处理某事时，要告诉对方会将此事转告能处理此事的人，或让处理此事的人打电话给他，如"此事由××先生负责，如您同意的话，我会转告他，让他给您回电话。"

3）认真接听。酒店接到的来电都很重要，电话接线要迅速准确。另外，应避免误传信息或电话留言，接听电话时一定要做到认真、耐心、细心，要精力集中，暂停一切闲谈，停止吃东西和喝水。如两部电话同时响铃，可先接其中一个，向对方致歉，请其稍等一下，并迅速接听另一个电话。

进行电话总机服务时因不能与客人见面，增加了沟通难度，需要用专业的知识，快速地对来电进行判断并处理。员工只有在确信电话所转对象能向来电者提供帮助时，才能将电话转过去，同时应告诉来电者要将电话转接并解释转接的理由，简洁清楚地讲出事情原委，在重要的地方要重复一下。在来电者讲完之前不要打断，也不可妄下结论，对听不清楚的地方，要复述来电者的话，以免搞错。

接听电话时要注意礼貌，仔细聆听对方的讲话，并应不时地用"对""是"来给对方积极的反馈，仔细倾听，不打断对方讲话。如果对方发出邀请或会议通知，应致谢。如对方反映问题或是投诉，要耐心接待，回复对方时要十分注意语气和措辞，要显得诚恳、友善，并使对方能体会到对他的关注。

4）使用礼貌用语。接听电话时要注意使用礼貌用语，不准讲粗话或使用带有蔑视性和污辱性的语言。任何时候不能使用"喂""不知道""什么""不在""我很忙"之类的敷衍语句，更不能随便挂断电话。

热情、修辞恰当的语句是接听电话成功的一半，接听电话时不要用非正规、非专业化以及不礼貌的词语，要面带微笑、语调柔和，让客人从服务人员的声音中体会到亲切。声调要自然、清晰、柔和、亲切，不要装腔作势，音量不要过高也不要过低，以免对方感到不适或听不清楚。接听时不要开玩笑，要多用敬语，注意"请""谢谢"不离口。

5）做好记录。通话时对重要的事应做记录，记录时要重复对方的话，以检查记录是否无误，然后应等对方结束谈话。如果要谈的事一时定不下来，可告知对方待请示领导后，再通电话决定。

电话接听完毕之前，不要忘记复述一遍通话的内容要点，以防止记录错误或者理解偏差而引起误会，提高沟通的效率。例如，应该对会面时间、地点、联系电话、区域号码等各方面的信息进行核查校对，尽可能地避免错误。

6）结束通话。通电话以对方挂断电话方为通话完毕，任何时候不得用力掷听筒。

通话结束时，应说"谢谢您"。最后的道谢也是基本的礼仪，千万不要因为不与对方直接面对而忽略礼仪。待通话完毕，对方挂断后，方可轻轻放下听筒。

【案例 2-6】

叫醒服务

一天早晨，酒店某公司长包房的一位客人投诉总机，反映他要求的叫醒服务未叫，因此耽误了他乘坐班车，要求酒店给予解决。后来大堂经理让车队安排了一辆车送客人到了单位。

事后经调查，前一天晚上，该客人确实在夜里 12 点多打过电话到酒店总机，但据总机当班员工称，客人只是问了一下时间，并未要求做次日的叫醒。在总机的记录本上也未查到记录。

在这家酒店类似事件已发生不止一次，而且都集中在这个公司的客人中，情况也大都相同，最终都是要求酒店派车送其到公司（这家公司离酒店很远），因此不排除客人有意这么做的可能。

【评析】由于案例中未对客人来电做记录，事后根本无法证实哪位当事人的话是真的。但作为酒店应该视宾客为上帝，出于这一点，无须在"谁对谁错"上纠缠，应该及时为客人解决问题。

（2）拨打电话的礼仪

1）做好准备工作。无论是获得信息还是提供信息，是请求帮助还是想要说服别人，都应认真考虑要达到的目的并准备好自己所要表达的内容。拨电话之前，员工应做好各项准备，如表格、数据、图表等有关内容。可以列一张备忘表，记下要点供交流时参考，防止遗漏，电话簿、常用电话号码、日历、记录本以及笔全都应放在便于拿到的位置，并预先了解该号码是否需要转接。拨打电话时，应确保周围没有影响通话的因素。

2）说明意图。员工在打电话时，要直对着话筒说话，使用正常的语调，表述直截了当、开门见山。左手拿话筒，右手拨号，若电话接通，待对方问候自报家门后，应立即回以问候并说出自己的身份，如果需要，还要告诉对方自己单位的名称。

3）注意表述。打电话的人只能根据自己听到的声音判断对方对自己的态度，所以，在交流时表现出热情友好的态度并及时地招呼对方是最基本的要求。员工应该明确自己的目的，如要找的人不在，可请对方记录留言，等要找的人回来后回电话，留言时应告诉对方自己的姓名、单位及电话号码。如发现拨通的号码需要查证，则询问口气不可粗暴，应使用如"对不起，请问你的电话号码是×××××××吗？"这种询问语气。若发觉号码明显不符，应表示抱歉。如不指定找某人，最好以请求的方式巧妙说出自己的愿望，如"我希望了解有关……的情况"。

打电话时讲话不要匆忙，因为对方可能在做笔记。为确保信息被对方理解，要注意停顿以给对方反应的时间。

4）结束通话。在结束通话时，应使用恰当的结束语，不要忘了感谢对方，如感谢对方花时间接听电话、感谢对方给予帮助或关注等，这样在以后的交流中，易得到对方更好的配合。

（3）接打电话时语音语调的要求

接打电话是树立酒店良好形象、与公众建立良好关系的有效手段。酒店接打电话人员的声调、语言、态度能直接表现酒店的服务质量，对语音语调有以下要求。

1）音量适中、发音清晰。音量要适中，不要过高，也不能过低，以免对方感到不适或听不清楚。应用愉快、自然的语调和对方沟通，语速以适应对方速度为宜。发音应清楚、易懂，不夹杂地方乡土口音。

2）声音有亲和力。接打电话时要注意语气的自然流畅，要心平气和。亲切、明快的语气可使对方感到舒适，感到满意。前厅服务员可以通过适当的语气在公众和酒店之间架起友好的桥梁。

3）语调自然优美。语调要自然、清晰、柔和、亲切，不要装腔作势，也不要声嘶力竭，而要给人一种愉悦的感受；要优美热情、奔放、富有表现力，而不是单调令人厌烦。

（4）接打电话的注意事项

1）不要对客人讲俗语和不易理解的酒店专业语言，以免对方不明白，造成误解。

2）接听或打电话时，无论对方是熟人还是陌生人，尽量少开玩笑或使用幽默语言。因双方通过电话交流时既无表情又无手势配合，开玩笑或使用幽默语言往往会造成误解。

3）对方拨错电话时，要耐心地告诉对方："对不起，您拨错电话号码了。"千万不要责怪对方，使对方不愉快。如果自己拨错了电话号码，一定要先道歉，然后再挂线重拨。

4）在接听电话时，不要打断对方说话，更不要语气强硬、滔滔不绝，应耐心听对方说完。

5）在酒店内不得打私人电话，有关于个人的急事来电，应转到部门办公室接听并从速结束通话，或由他人接听并代为记录。

6）接打电话过程中应始终保持正确的姿势。大部分人讲话所使用的是胸腔，这样讲话容易口干舌燥，如果运用丹田的声音，不但可以使声音具有磁性，而且不会伤害喉咙。但当人的坐姿不端正时，丹田受到压迫，容易导致丹田的声音无法发出。因此，接打电话时应保持端坐的姿势，尤其不要趴在桌面边缘，这样可以使声音自然、流畅和动听。

【案例 2-7】

您听见我的微笑了吗？

一天早晨，入住酒店的王先生被电话铃声叫醒了，他拿起电话，话筒里传来了总机服务员甜美的声音："王先生，早上好，您的叫醒时间到了。今天天气晴转阴，温度是 8 ℃到 12 ℃，今天降温了，风比较大，请您多穿点衣服，祝您旅途愉快！"原来昨晚王先生因为早上要赶路，所以要求提供叫醒服务。

王先生在总机甜美的叫醒声中及时地起床。他在离店的时候，向酒店表示了对于酒店服务的赞赏，并一再表示会多介绍朋友来酒店入住。

【评析】酒店的总机服务员打电话时不仅要语言规范、语音柔和，更要富有感情。本案例中的总机服务员在为客人提供叫醒服务时，并没有简单地叫醒客人，而是对客人进行了提醒和问候，这简单的提醒和问候就像和煦的春风一样，给客人带来了美好的感觉，让客人真正感到家的温馨，真正感到酒店的服务水准。

培训课程 2 服务心理

一、客人的心理需求分析

1. 客人的心理需求

前厅服务员在进行服务的过程中要了解客人的喜好,满足客人的心理需求,不能把客人的消费仅仅看作是其在酒店吃一顿饭、住一个晚上,而要把客人在酒店的每一次消费都变成一次难忘的经历,把与客人交往的每一个触点都变成服务的亮点,以超值服务让客人带着满意与惊喜离开,以此提高客人的回头率和忠诚度。客人的心理需求一般有以下几个方面。

(1)卫生、安全

清洁卫生的酒店客房环境是宾客最为重视的生理和心理需求。它能使宾客在心理上产生安全感和舒适感。因此清洁卫生工作应做到全面细致,并严格按照规程进行,力求客房内外整齐清洁,创造一个卫生的环境,以满足客人对环境清洁卫生的心理需求。

酒店应当采取相应的措施保障客人的隐私权,保证客人不受到人身伤害,生命健康不受到威胁,从而使客人获得安全感。这是酒店服务中对客人应当履行的最起码的义务,为满足客人求安全的心理,前厅服务员应有较强的安全意识。

【案例 2-8】

我的行李不见了

中午时分,一位住客神色匆匆地找到酒店的大堂经理,说他放在客房内的几件行李都不见了,现在不知如何是好。该客人姓何,是酒店的协议客人,经常住在 1518 房。

经了解，何先生曾向总台服务员小李提出房内坐便器堵塞，要求换房，当他吃完饭回来后行李就不见了。大堂经理立即向小李询问，弄清了事情的原委：小李在接到何先生的换房要求后，答应帮其换到 1618 房，并将新钥匙交给行李员。行李员来到 1518 房发现客人不在，就回来将钥匙还给了小李，没有进行换房。但随后前来的客房部员工在接到换房通知后，发现何先生的行李仍在 1518 房，就本着好意把行李搬到了 1618 房而并未通知何先生，故引发了本案例开头的一幕。

【评析】酒店最基本的功能就是保障宾客的生命财产安全，在此基础上才能谈提供温馨和亲情服务。客人花钱住在酒店，酒店就应该保障客人的财产安全，所以没有客人的同意（特殊情况除外），酒店员工是无权移动客人的物品的。

（2）舒适畅快

客人进入酒店的第一要求就是要感到舒适畅快，这是客人对酒店服务的决定性评价标准。

为满足客人对舒适的追求，服务人员要为他们营造一个舒适、安静的休息环境，要考虑到客人在视觉、听觉、味觉等方面的需求，如视觉上要求环境采光良好，宽敞明亮，外部视野开阔，物品摆放整齐，布局合理；味觉上要求服务员所推荐的食品色香味俱佳，盛放食品的器物美观别致，用餐环境卫生舒适，能够引起客人良好的整体感觉；听觉上要安静，没有杂音干扰。

客人之所以到酒店来，对舒适、惬意的追求是最主要的。所以，酒店服务员应彬彬有礼，着装整齐统一、美观大方、别具特色，言谈举止大方得体，处处体现出对客人的礼貌，让客人感觉愉快。

（3）方便快捷

客人入住酒店，还会希望酒店提供的服务方便快捷。酒店的服务内容、服务项目、服务设施都要能充分考虑到大部分客人的需求，使客人的大部分需求基本不用出酒店就能得到满足，客人的各种要求都能不打折扣、快速准时、高效优质地完成。使客人住在酒店感到省时、省心又省力。

为满足客人对方便快捷的追求，服务员工作要主动、周到，在可能的情况下，尽最大可能地、热情地满足客人提出的要求，使客人感到方便、顺心。

信用卡结账

一天,总台收银员在为客人结账时,发现此客人的姓名与登记单和计算机中的不符,因客人用信用卡结账,姓名不对就不能结账,所以向总台服务员询问。由于此客人是常住协议客人,总台服务员认识他,所以决定用客人的真实姓名将房费结清,但客人表示不满,认为这样既不方便也不快捷。

事后调查得知:此客人名叫陈华,是公司协议客人,计算机中有客史档案,所以登记时没有让客人填写登记内容,只让客人签了名。而接待员在选择客史档案时出现错误,误选了一名叫"陈伟"的客人,导致了信息不相符的情况,给客人的结账造成困难。

【评析】在对客服务中,要特别强调方便快捷,但不要因为对方便快捷的一味追求忽视了其他因素。本案例中总台服务员本来是为了提供方便快捷的服务,但是由于不仔细,反而耽误了结账时间。因此方便快捷的服务应建立在仔细准确的基础之上。

(4) 物有所值

客人在酒店消费,总是希望他们的消费物有所值。除了对有形产品有要求之外,宾客对酒店服务员提供的无形服务要求更高。酒店服务员应该尽心、尽力,要提供具有人情味、人性化和个性化的服务,使客人感受到优质服务带给他们的便利,从而使他们在心理上感到物有所值。

酒店服务员在提供服务的过程中难免会与客人产生矛盾,这些矛盾的起因或来自酒店服务员,或来自客人,但无论如何,酒店服务员都应尽力满足客人的要求,态度和蔼、语言礼貌、方式诚恳,尽量把不良影响控制到最低。

电热水壶坏了

一天,客人在结账退房时,客房中心的查房人员发现客人房间内的电热水壶损坏了,客人当即表示没有用过此水壶,所以不可能损坏。总台服务员表示需要客人照价赔偿,客人不同意,于是由大堂经理出面调解。由于客人要赶时间,各方面都无法做细致的调查,于是客人只好照价赔偿。

事后,酒店经过细致的调查弄清了事情的真相:这个电热水壶是此房的前一位住客损坏的,因为仓库没有新的电热水壶,就没有更换,而当班服务员也没有做好交班,导致服务员查房时误认为是这位客人造成的损坏,引起了客人强烈的不满。

【评析】客房内的物品发生损坏时应及时更换,物品不全或有物品损坏的客房是不应该出售给客人的,客人会认为自己的消费不是物有所值。另外,在事情没有查清楚之前,总台服务员不可盲目做出决断,应该尊重客人的意见,否则会对客人造成心理和经济上的损失。对酒店来说,失误所损失的不只是一位客人,而可能是一群客人。

(5)受到尊重

酒店是宾客在旅途中的"家",其提供服务的目标是使客人享受到如同生活在家中一般的温暖、舒适的感觉,也就是要做到宾至如归。服务要想达到这样的效果,就要依赖服务人员良好的服务态度。服务人员良好的服务态度可以使宾客感到亲切,消除宾客的陌生感、疏远感和不安情绪。

尊重对人类来说是一种重要的心理需求,有了尊重,才有共同的语言,才有感情的相通。酒店业"宾客至上,服务第一"的服务宗旨就是首先要尊重客人。宾客希望自己能得到尊重,希望服务员能尊重自己的人格,尊重自己的意愿,尊重自己的生活习惯、个人隐私、信仰等。为满足客人对尊重的心理需求,服务员应该做到:对客人使用尊称,使用礼貌用语,微笑服务,尊重客人的生活习惯、习俗、信仰,尊重有生理缺陷的客人,尊重有过失的客人,服务热情、周到、细心、迅速。

尊重客人

一位客人向大堂经理反映,总台服务员凌晨4:30分打电话到房间,影响了他的正常休息。经过调查,由于客人所居住的楼层要更换地毯,所有住客都需要搬出,所以当天中班的总台服务员交班时让夜班人员提醒该层客人换房,而夜班人员在凌晨4:30分打电话让该客人换房,打扰到了客人,致使客人十分生气。

【评析】本案例中夜班人员为完成中班交办的事情没有仔细考虑当时的做法对客人会造成什么影响,凌晨是绝大多数客人休息的时间,不是特别紧急的事情,一般不要在这一时间打扰客人,一定要尊重客人,为客人营造良好的生活环境。

2. 客人的类型及需求特点

前厅服务员需要与各种类型的客人打交道,如果其具备了察言观色的能力,就能迅速从客人的言谈举止和神态中判断出客人的情绪与要求,然后根据客人的特征提供有针对性的服务。前厅服务员应注重在日常工作中培养自己待人处事的技巧。一名优秀的前厅服务员在招待服务工作中应能迅速、准确地理解客人,处理事务能通情达理、有智有谋,并且善于自我约束。为了能向客人提供针对性的服务,必须了解不同类型客人的基本需求。

(1)商务型客人

商务型客人普遍具有良好的教育背景、较高的文化素质和优良的自身修养。无论是硬件还是软件方面,他们都对酒店有着更高的要求。

商务型客人一般要求酒店的设施与服务能达到家庭般的舒适及办公场所般的效率。他们的房间不仅是休息的场所,而且还是工作的场所。因此,商务型客人的房间应隔音良好、光线充足,房内备有写字台与直拨电话。除此之外,商务型客人还会希望酒店有一个完善的商务中心能为他们提供商务服务,希望前厅服务员能迅速办理相关手续,希望酒店能提供叫醒服务、预订出租车服务、房内用餐服务、快速洗衣及干洗熨烫服务以及信用卡结账服务等,还希望酒店有较完善的会议设施、宴请场所以及康乐健身场地。

商务型客人一般喜欢典雅的房间布置,乐于接受个性化服务和定制化服务,更希望受到别人的尊重。然而随着业务开展的状况,他们的个人情绪会产生波动,使得酒店难以把握服务的标准。女性商务型客人更看重环境的安全性、舒适性,目前多家酒店推出的女性楼层受到女性商务型客人的普遍欢迎。

商务型客人需要高效率的服务并注重服务的时效性。这也使得很多酒店纷纷开设独具特色的商务楼层,以供客人快速入住并为其提供各种商业服务,由此满足商务型客人的需求。商务型客人的个性更多地表现为独有的特征性,他们旅途紧张、工作繁忙,承受比别人更多的压力和工作负担,更需要酒店为他们提供

"家"一样的感觉；因此他们更倾向于接受个性化服务、人性化服务。

商务型客人本身经济实力较强，对于酒店有独特的消费认识，想要让酒店提供多样化的产品和服务，他们将酒店的区位和商务设施水平作为选择酒店的首要指标，其他指标依次是酒店的服务质量、酒店的知名度、酒店的价格、酒店的特色及酒店娱乐设施的多样性，价格不再是影响商务型客人选择酒店的最重要因素。

（2）娱乐型客人

娱乐型客人包括旅游度假的散客及团队客人，他们为了去附近的旅游景点游览，而把酒店作为落脚处。这类客人一般希望居住环境优美的房间，希望在住店期间能品尝到当地的风味佳肴，希望能了解当地的风土人情，希望购买当地的土特产及手工艺纪念品。他们希望酒店的前厅服务员能提供有关旅游景点情况的材料、各种交通工具时刻表以及购物指南，希望前厅服务员能介绍娱乐场所的特点、当地餐饮的经营特色，提供天气预报，并为他们提供出行建议。

娱乐度假型的客人选择酒店是出于旅游、休养、度假、运动等的需要，客人一般在酒店停留的时间较长，对酒店娱乐的设施需求较高。散客旅游度假具有灵活、自由的特点，客人希望在度假活动中享受充分的自由，如自由地选择度假的时间、方式，并根据自己的兴趣、爱好选择度假项目和活动内容等，从而实现不受任何限制和拘束的彻底的放松。酒店可以根据宾客的兴趣、爱好和身体状况，专为散客设计度假套餐。

3. 客人的个性心理

个性是指一个人独特的、稳定的心理特点的总和。前厅服务员在服务过程中会遇到各种各样的客人，应研究和掌握其个性心理，因人而异采取不同的服务举措，可使客人对服务感到满意，进而产生愉悦感，提高其对酒店的忠诚度，使其成为酒店的回头客。因此，分析研究各类型的宾客，了解其个性心理特征，对提高服务质量具有极现实的指导意义。

（1）脾气暴躁的客人

这类客人稍有不如意就会投诉。面对这类客人，前厅服务员在接待工作中不但要注意自己的表情、动作、言语，甚至说话的语气也要注意，而且要考虑到客人入住、退房时的习惯。如果能像对待家人那样体贴、主动地为他们提供人性化的服务，相信他们不会动辄投诉的。这类宾客个性急躁，任何事情都希望快速解决，所以在为他们服务时，也必须动作迅速；与他们交谈要直截了当、简单明了，不然客人会发脾气。

（2）性格温和的客人

这类客人不爱多说话，在和人交流时常常不会立即做出反应，喜怒不形于色。在和这类客人交流时，前厅服务员要沉住气，切不可过于着急地征求客人意见，即使征询意见，也绝不可催问再三，以免引起客人反感。前厅服务员要按程序为这类客人办事，态度既要严肃，又要有礼貌，不卑不亢。这类客人往往乐于为他人考虑，但是前厅服务员千万不要因为这样就不自觉地降低了自己的服务质量；相反，要更热心地为他们服务。

（3）挑剔的客人

这类客人心细、善于观察、好较真，对服务细节反应敏感，挑毛病不留情面。前厅服务员在对待这类客人时要十分小心谨慎，注意每一个环节的严谨周密，尽可能避免出现失误。如有差错出现，或客人"鸡蛋里挑骨头"，要表现出有则改之、无则加勉的诚意，切忌与客人争辩，免得节外生枝，出现不应有的冲突。前厅服务员要主动向这类客人征求意见，要多留意客人的面部表情，揣摩客人的心理，并根据其心情提供服务。

（4）无理取闹的客人

这类客人声高气傲，不知道尊重别人，不拘小节，行为粗俗且不文明；尤其是酒后情绪易冲动，稍不如意，轻则口出不逊，重则挑起冲突。为这类客人提供服务时，前厅服务员要镇静，要以礼相待、小心应对。万一发生不愉快，要受辱而不怒，忍为上策，用妙语婉言缓解矛盾，切不可与客人讲"理"。在为这类客人服务时，应注意自己的话语是否礼貌，切忌与他争辩，如无法应付，应立刻找到上级，由上级领导处理。这类客人自我观念很重，虽然处事果断，但因缺乏思考，往往无法轻易认同别人的意见，因此应以温和的态度，礼貌引导其接受服务人员的主张。

（5）慷慨的客人

这类客人重义气，讲排场，顾面子，出手阔绰。当为这类客人服务时，最好按照他的意见去做，不要与他争论。

二、服务心理策略

1. 客人与酒店员工的关系

由于各自在社会中的角色不同，客人与酒店员工存在着多元的关系，这些关系从不同的角度阐释了酒店员工对客人应当承担的责任。

（1）服务与被服务关系

客人购买酒店的服务产品就是为了在酒店满足自身的需求，需要的是专业化、规范化的服务，而这种服务是通过酒店员工提供的，是人与人的接触，宾客与酒店员工由此构成服务与被服务关系。

酒店行业中有一句俗语，即"客人永远是对的"，这句话主要强调的是当客人对酒店的服务方式、服务内容发生误会或对酒店员工服务提出意见时，酒店员工应首先站在客人的立场上看待问题，从理解客人、尽量让客人满意的角度来解决问题；这句话有一个另外的含义，是指酒店员工处理问题的态度要委婉、富有艺术性，即便错误确实在客人一方或客人确实是对酒店提供的服务发生了误会，酒店员工也应当巧妙处理，在维护客人自尊心的前提下解决问题。

（2）客人与主人关系

相对于客人来说，酒店就是主人，但酒店这个概念是非常抽象的，酒店的设施不可能被视为主人，酒店经营者、管理者虽然是酒店的法人代表、实际的投资者和最高的决策者，但在酒店服务中，他们一般并不直接出面，而只是负责一些重大事件的决策和处理工作。因此，在实际服务过程中客人便会把在酒店为他们提供服务的员工视为酒店的主人。客人来到酒店消费，对酒店来讲，客人就是酒店要接待的客人，宾客是酒店服务的对象。因此，酒店员工和宾客之间也可以说是主人和客人的关系。

（3）朋友与朋友的关系

前厅服务员应当认识到自己在酒店所扮演的重要角色，而不能把自己简单地当作一名普通的员工。酒店的任何一名员工都是酒店形象的代表，他们对待客人的一言一行都代表着酒店的管理水平和酒店的整体服务水平。酒店员工与客人通过相互间的理解与交流，很容易在彼此之间留下较为深刻的印象，并结下友谊。这时，客人就不仅是酒店的消费者，也是酒店员工的朋友，新老朋友多了，酒店的经营就有了非常坚实的基础。

2. 满足客人的需要

酒店前厅服务的目的是满足宾客的需要，并以此获得自身的发展和应有的效益。满足宾客需要是服务业的核心目的，如果不能满足客人的需要，服务组织就将无法生存和发展。

准确地把握客人的需要才能策划出受宾客欢迎的服务。不断了解客人的需要并以此改进服务，才能使服务组织具有生命力。满足客人的需要是前厅服务员首先要确立的方向和目标，也是企业经营成功的根本保证。

当客人将在某家酒店消费视为一种习惯，那这家酒店就拥有了这名忠实的客人。酒店想要提高宾客的满意度，加强宾客的忠诚度，吸引客人、留住客人，就要在服务过程中做到以下几方面。

（1）细心观察

前厅服务的要点就在于善于想客人之所想，设身处地为客人着想，在客人开口言明之前将服务及时、妥帖地送到。这对于酒店前厅服务员的观察能力提出了较高要求，主要体现在以下方面。

1）善于观察客人的外表。客人的外表和身份是千差万别的，不同年龄、不同性别、不同职业的客人对服务的需求有所不同。客人在不同的场合、不同的状态下，其需求也是不一样的。

2）善于观察客人语言。前厅服务员从与客人的交流或客人的自言自语中，往往可以了解客人的心理状态、喜好、兴趣等。

3）善于观察客人的情绪。既要使客人感到前厅服务员的服务无处不在，又要使客人感到轻松自如，这样使客人既感到自由空间的被尊重，又能时时体会到酒店服务的周到。

4）善于观察客人的行为举止。客人的心理非常微妙地体现在客人的行为举止中，前厅服务员在分析那些有声语言的同时，还要注意通过客人的行为、动作、仪态等肢体语言揣测客人细微的心理活动。

（2）无微不至的关怀

在提供服务时，酒店前厅服务员要给予客人无微不至的关怀。只要可以由前厅服务员代劳的，就不让宾客动手，如开门、去总台办手续、提行李、按标志寻找房间等，前厅服务员都要帮助宾客去做，为客人进行引导。特别是在客人遇到难题、处境困难时，要能够及时地发现并帮助客人解决，让客人感觉到酒店无微不至的关怀。

【案例2-12】

一张车牌号

某日，一位客人在酒店门口乘出租车外出。按照酒店规定，门童应该在客人上下出租车时将其所乘坐的出租车车牌号记下并交给客人，以防客人将物品落在车上无法查找。当天正是上客高峰，门口的车辆较多，因此门童没有及时给每一位上下车的客人提供车牌号。而恰巧这位客人就不慎将手机落在出租车上。客人以酒店未给其提供车牌号导致没有寻找线索为由，要求酒店做出赔偿。

【评析】记车牌号是酒店提供的一项超值服务，表明了酒店对客人无微不至的关怀。既然是酒店规定的一项服务工作，员工就应该不折不扣地完成，该酒店出现的高峰期人手不够的情况不能成为不为客人服务的理由。酒店应该合理安排人手，保证为宾客提供周到细致的服务。

（3）关注宾客情绪

客人永远是对的，客人的情绪也永远是对的，客人的情绪是检验服务效果的唯一标准。酒店一方面要通过"情动宾客"帮助客人保持好的情绪；另一方面要尽力避免客人产生不良情绪，帮助客人转变坏情绪，并将客人的牢骚视为对服务进行改进或创新的提醒。

前厅服务员要使客人感受到自己被尊重。如果一位客人的姓名、籍贯、职业、性格、兴趣爱好、饮食习惯等被酒店员工记住，并在与客人的交往中恰当地表现出来，客人就会感到受到尊重，有助于客人对酒店产生良好的印象。

（4）给予自由的空间

在服务设计中，可以通过对物品和服务过程的丰富来实现客人的自由选择，当宾客在针对某项需求有足够的选择余地时，就会感觉到被重视。例如，客人可以自己去总台办手续，可以坐在休息厅让服务员代办手续，也可以直接让服务员到房间办手续。

要使宾客在有某项需求时能够很方便地找到相对恰当的途径对服务进行选择，例如，在房间中准备五种不同弹性的枕头，并有恰到好处的、醒目的功能提示，让客人自由选择。

（5）个性化的服务

客人是一个异常复杂的群体，他们的喜好、个性特点等是千差万别的，因此酒店对客人所提供的服务需要因人而异，这就需要前厅服务员对客人的情况有一定程度的了解。当一位再次光临酒店的或第二次消费同一项目的客人到来，如果前厅服务员能够根据自己的记忆迅速地把握客人的特征，就能够为客人提供更具个性化、更有针对性的服务。当把客人偶尔的特殊要求视为客人个性的一部分，对这些特殊要求进行记忆并予以满足，客人就会被感动，获得一种"专门为我"

的尊贵感受。例如，某小姐喝咖啡时喜欢加大量牛奶，当她第二次入住时，前厅服务员便在她的咖啡旁边专门准备了更多的牛奶。

（6）亲人般的服务

前厅服务员应视客人为亲人，为其提供亲人般的服务，让其体验到"家"的感觉。例如，接待过生日的客人，服务人员应及时说句祝福的话，送客人一些小礼物；看见妈妈带小孩吃饭，而小孩不想吃饭只想玩，服务人员就应帮着带小孩玩一会儿。酒店相对复杂的服务设施的分布对于初来乍到的客人来说是比较陌生的，但作为酒店员工却应当对这些服务设施了如指掌，这样在客人需要的时候，酒店员工就可以如数家珍地一一介绍。客人如果生病了，要及时提供照料服务，让离家在外的客人不感到孤单。

3. 注意服务用语

酒店前厅服务员对客人进行接待、服务时要通过语言来表达。所以，要讲究语言艺术，掌握文明语言运用技巧，语言运用要力求准确、恰当，注意表述完整、合乎语法，发言要依据场合，要注意语言、表情和行为的一致性。前厅服务员应在熟练掌握普通话的基础上，再学习和掌握一两门外语，以利于工作的开展。

语言是前厅服务员与客人建立良好关系、留下深刻印象的重要工具和途径。语言不仅是交际、表达的工具，它本身还反映、传达出酒店的企业文化、员工的精神状态等信息。前厅服务员在表达时，要注意语气的自然流畅，在语速上保持匀速，任何时候都要心平气和、礼貌有加。前厅服务员应当根据客人需要的服务项目、酒店的地点、客人的身份、客人的心理状态等具体情况，采用适当、得体的语言表达方式。

前厅服务员的三种忌语。

（1）不礼貌的语言

1）对老年的服务对象讲话时，绝对不宜用什么"老家伙""老东西""老废物""老没用"之类的词。

2）面对残疾人时，不宜使用一些不尊重残疾人的称呼，诸如"傻子""呆子""侏儒""瞎子""聋子""麻子""瘸子""拐子"之类。

3）接触身材不甚理想的人士时，不应直接指出其短处，如"肥""矮"等。

（2）不友好的语言

在任何情况下，服务人员都绝对不允许对服务对象说出不够友善，甚至怀有敌意的语言。

（3）不耐烦的语言

前厅服务员在工作岗位上要做好本职工作，提高自己的服务质量，就要在接待服务对象时表现出应有的热情与足够的耐心，不能使用不耐烦的语言。

三、酒店员工心理知识

1. 酒店员工心理问题的主要表现

（1）缺少团队合作精神

酒店的工作是为客人提供优质的服务，而提供优质的服务需要酒店的每个部门和每位员工共同努力、协同作战，所以酒店员工尤其需要团队合作精神。如果酒店员工只把团队精神当作口号，在工作过程中只希望他人遵守团队精神和纪律，而自己不愿意成为团队的一分子，遇事采取"事不关己，高高挂起"的态度，部门之间、员工之间互相扯皮、互相推诿，长此以往，组织就将成为一盘散沙，团队员工就将各自为政。

（2）缺乏事业心

很多酒店员工对工作有着不切实际的期望，认为升迁的过程过于缓慢，工资的增长幅度也没有达到个人期望的水平。员工希望得到较高的工资待遇无可非议，但一些员工不但有着不切实际的工资期望，对于自己的能力和所做出的贡献也评估过高，甚至还错误地判断了整个社会的就业情况和报酬水平，导致产生不平衡的心理。

如果员工过度用金钱来衡量工作，将无法全身心地投入工作中，并只是把工作作为谋生的手段而非有所作为的事业。抱有这种思想的员工会逐渐厌烦酒店的琐碎工作，但由于自身学历、年龄等限制，只好委曲求全、得过且过，对服务工作也出现了厌烦情绪。

（3）不遵守酒店的规章制度

酒店的制度化管理和操作规范要求十分严格。虽然规章制度难免有不完善的地方，但酒店所制定的各项规章制度都是为企业有效运作而设计的。然而，有些员工则认为酒店的种种规章制度是对员工的束缚，特别是有些员工在能力有缺陷时，并不去努力提高自己的工作能力和水平，反而埋怨是制度限制所致。

（4）缺乏沟通能力

酒店是一个复杂的小社会，活动空间狭小、工作方式单调、等级制度森严、利害关系明显，矛盾和冲突时有发生。一个普通员工要处理与领导、同事、客人和家庭、社会之间的各种关系，任何一种关系没有处理好，都会对员工的心理产生影响。有些员工认为只有与众不同才更能得到别人的承认，这类员工的服从性较差，常常攻击他人，其中也包括上级，因为他们认为只有攻击别人才能提高自己，而缺乏必要的沟通能力。能够真诚地与同事和上级沟通的员工，才是具备成熟心理的员工。

（5）缺乏学习精神

一些酒店员工缺乏学习精神，面对激烈的市场竞争和客人服务需求的提升，酒店员工，特别是中年以上的员工，由于多年疏于进修，对新技术和新技能的掌握不到位，甚至产生一定的恐惧感和抗拒心理，偶尔有进修和提高的念头，又由于惰性不愿付诸行动，越拖抗拒心理越强，这样的员工极易被酒店发展所淘汰。

2. 心理问题的原因分析

一个健全的酒店员工不但应拥有健康的体魄、受过良好的教育、具有分析问题和解决问题的素质和能力，而且应该拥有健康的心理。酒店员工出现心理问题的原因是多方面的。

（1）对酒店工作性质的认识不够

酒店员工对客人应笑脸相迎，这是酒店的服务业性质所决定的，也是人与人之间起码的表达尊重的方式。对客人笑脸相迎并不意味着酒店员工就低人一等，而是让客人在酒店有一种宾至如归的感觉，让客人感觉到酒店对他的欢迎和酒店员工态度的友好。可是，有的员工却因此认为酒店业是专门给人赔笑脸的行业，地位低下，于是工作起来没干劲，感觉自己得不到尊重，在服务过程中心理失衡。

由于一些酒店的层级管理过于严格，使得员工看到穿深色西装的管理人员就怕，自主性、创造性被压抑，甚至产生心理问题。酒店业是24小时全天候工作的行业，在经营旺季或接待大型团队客人时酒店员工连续加班是家常便饭，体力和脑力的严重透支危害了酒店员工的身体和心理健康。现代酒店重视细节化服务，每一个让客人欣喜的服务项目更是无不饱含着酒店员工的辛勤努力。

有些员工是被酒店舒适的工作环境和较高薪水吸引来的，也比较喜欢这项工作。但工作一段时间后，发现酒店工作压力很大，工作环境和薪金待遇也并没有想象中那么好，于是心灰意懒、情绪低落。

（2）员工个人性格问题

由于员工不同的成长过程和家庭背景，形成了员工不同的个性。良好的个性可以使员工有稳定的情绪、积极的工作态度、强烈的求知欲望、成熟的思想。但有的员工过分强调个人的个性，夸大个人的能力，情绪起伏较大，思路狭窄，缺少团队精神；有的员工以自我为中心，具有一定的英雄情结，喜欢抬高自己，贬低他人，好像在整个组织中只有自己贡献最大。这些都会导致员工出现心理问题。

（3）不现实的期望

许多员工对工作岗位、工作报酬、福利待遇有着不现实的期望，只从自身的角度和利益考虑问题，在个人期望短期不能实现时，便产生挫折感，对企业和工作都感到失望。这些员工思想不成熟、考虑问题不够客观，思路较为狭窄，常以单方面的认识和感觉代替实际的情况，对客观情况的判断经常出现错误，而自己并无察觉。

3. 酒店员工心理问题的解决方法

正确认识员工的心理问题，并根据具体情况帮助员工解决心理问题，对于酒店的发展十分重要，解决酒店员工的心理问题可以从以下几个方面着手。

（1）人本化管理

酒店是劳动密集型企业，应特别注重以人为本。以人为本就要营造一种尊重人、爱护人、理解人、关心人的氛围。酒店往往对客人的服务十分重视，但对员工的服务却比较马虎。管理不是从上到下的管制，而是从上到下的服务，管理人员的作用就是为员工做好服务，从而使员工更好地为客人提供服务。要正确对待员工在工作中出现的问题，酒店若只靠硬性制度处理问题，员工常常不能接受。员工在工作中产生了厌烦情绪后，管理者只有找到原因并有效解决，才能从根本上解决员工的心理问题，为客人营造一个良好的服务环境。

人本化管理要求酒店要创造和谐的管理环境与组织氛围。酒店要关注员工的需求，为员工提供良好的工作环境，营造和谐的组织氛围；要为员工提供更好的食宿和娱乐环境，关注员工的业余生活状况，保证员工在闲暇时间能够得到良好的、充分的放松，缓解工作带来的压力；还要为员工发泄情绪、舒缓压力创造客观条件。很多酒店通过每月举行员工生日会或开办主题活动的形式组织员工进行体育锻炼、外出游玩、交流放松等，以此缓解员工的压力。

要学会倾听员工的内心想法。发现员工行为异常后要留意观察，如果异常行为经常出现，就要主动与员工交流。交流时要态度诚恳、善于倾听，尽力了解压力的来源，并一起分析问题的严重程度、思考解决的办法。即使找不到合适的办法，交流过程也可以使员工倾诉并释放内心不满，对缓解压力也是有帮助的。

（2）企业文化建设

企业文化是组织中多数成员所共同遵循的基本信念、价值标准和行为规范。在进行企业文化建设时，应使员工深入了解企业的各项规章制度，鼓励员工提高工作技能和工作能力，并在组织中形成适合员工发展的环境。企业应通过文化建设使全体员工形成统一的价值观，以达到相互尊敬、相互关心、相互理解、相互支持的目的。

企业文化会给每位员工的意识和行为烙上烙印。一个企业要养成良好的工作作风和办事风格，培养员工的归属感和凝聚力，采取有效的激励措施，提供个人发展机会，明确员工做什么以及做的价值。员工若融入一个良好的企业文化氛围中，厌烦情绪会被企业浓郁的文化氛围所化解。

（3）加强对员工的激励

面对工作压力，积极的应对方法有助于员工自行缓解。酒店人力资源管理者和一线经理可以通过例会和私下交流等方式帮助员工树立积极的心态，在遇到重大的工作压力时给予员工更多激励，帮助其正确看待困难与挫折，树立信心，达到目标。员工的工作主要面向客人，其职责是以良好的工作技能和精神面貌为客人提供优质的服务。领导的工作主要面向员工，其职责是帮助员工提高工作技能，关注员工的心理和情绪，激励员工积极上进等。职业前景和个人能力发展成为员工衡量工作价值的重要砝码。

酒店是否贯彻公平竞争的原则，直接关系到能否留住人才。任人唯亲的做法最后只会使大批专业人才外流。提供公平竞争环境、实行竞争上岗制度、给有才有德的员工提供广阔的发展空间，才是当今酒店明智的用人之道。

总之，员工心理健康是至关重要的，酒店要积极营造宽松的环境，让员工在和谐愉快的氛围中工作与生活。

培训课程 3

前厅服务质量

一、前厅服务质量的内涵和特征

1. 前厅服务质量的内涵

酒店前厅部是酒店服务的窗口。作为给客人留下最初及最后印象的服务人员，前厅服务员的精神面貌、工作能力、服务技巧及服务态度等因素，都会直接影响整个酒店的经济效益和社会效益。前厅部作为酒店服务的窗口，直接代表了整个酒店的形象，不仅如此，前厅部还承担了酒店的大量工作，重要性不言而喻。对于酒店前厅部而言，只有提供高质量的服务才能让客人感到满意，提高客人的满意度，并促进酒店经营的良性发展以及增强酒店的竞争优势。

前厅服务质量的内涵包括两个层次。

（1）前厅服务质量是一个过程质量

"过程"可以定义为一系列组织活动，这些活动结合在一起产生出对客人有价值的结果。前厅部要不断完善服务的整个过程，使客人在进入酒店的过程中，始终体会到优质的服务，进而实现满足客人物质和精神需要的目的。

（2）前厅服务质量是全面的质量

客人来到酒店会与前厅部的多个岗位、部门或领域发生接触，所以必须用全面的观点认识前厅服务质量。客人最先会通过拨打酒店总机预订客房，在来到酒店后，会先后接触总台、迎宾员、行李员等，在住店期间，客人还会与商务中心等打交道，在住酒店过程中更会接触前厅所有的岗位，因此前厅服务质量是一个涵盖广泛的、全面的概念。

2. 前厅服务质量的特征

（1）具有口碑效应

酒店行业有一句俗语："如果客人认为不行，那么我们就输了；如果客人认为行，那么我们就赢了。"这句俗语的意思是客人的评价才是最权威的。

客人选择酒店时，一般会根据自己接收的信息做出决定。这些信息来源包括酒店的广告宣传、亲戚朋友的介绍等。一般来说，后者的影响力大于前者。这就要求酒店必须不断提高服务质量，树立良好的社会形象。这样不仅能吸引客人多次光临，还可利用口碑效应为酒店进行免费推销，从而提高酒店的竞争力。

（2）具有波动性

酒店服务质量受人为因素影响较大，这是因为：其一，酒店的服务对象是人，他们有着不同的兴趣、爱好、风俗、习惯，同时还有不同的动机和需要；其二，提供服务的也是人，前厅服务员提供的服务也会受自己的知识、性格、情绪等因素影响。服务质量的不稳定性决定了控制服务质量的难度。

（3）质量评价具有主观性

服务质量的评价具有很强的主观性，酒店服务质量的好坏最终是由客人做出评价。不同的客人对服务有不同的期待，对同一种服务也会有不同的感受和评价；即使同一名客人，对同一种服务在不同的时间、场合下也会做出不同的评价。正是由于服务质量评价的这种主观性和不确定性，要求前厅服务员在工作时必须具有灵活性，在提供服务时要因人而异、见机行事，不可墨守成规。这也是熟练的前厅服务员与新员工之间的差别。有经验的前厅服务员总是能够针对不同的客人，在不同的时间、不同的场合说不同的话，提供不同的服务；而缺乏经验的新员工则往往机械地照搬服务规程、标准，缺乏灵活性。

二、提升前厅服务质量管理的意义

酒店遵循着这样一条规律"质量等于竞争力"，只有不断提高酒店的服务质量才能获得持久的市场竞争力，这充分说明了质量管理在酒店中所处的重要地位。

1. 降低经营成本

在日益激烈的竞争面前，酒店的发展既要开源，也要节流，创造、生产低缺陷甚至无缺陷的产品，进而合理高效地降低经营成本也就成了很多酒店节流的重要途径。同时，减少缺陷率就会减少返工，这样就减少了不必要的浪费，降低了成本。为了使成本具有竞争力，酒店必须不断降低产品的缺陷率。酒店凭借对设施设备、实物、产品服务三个方面的综合协调和控制，达到全面提升质量管理水平的效果，从而比竞争对手具有更多的优势和更强的实力。

2. 提高客人的满意度

一个产品或一项服务的质量由宾客决定。不少酒店利用先进的意见反馈系统收集客人的意见,以此确定客人不断变化的需要。在了解宾客需求的基础上采取调整措施,不断改进自身的产品,提高产品的可用性,提高宾客对产品的满意度,这是产生回头客的关键因素。

三、提升前厅服务质量的措施

酒店服务质量是酒店的生命线,是酒店的工作重心。在酒店之间的竞争中,最根本的就是质量竞争。酒店要想抓好质量管理,必须做好以下几个环节。

1. 强化酒店全员服务意识

服务质量是一个综合性的概念,是指酒店向宾客提供的服务在使用价值上(包括精神上和物质上)适合、满足宾客需要的程度,其直接影响酒店产品的市场销售。服务质量包含设备设施、服务水平、实物产品、安全保卫四个方面,任何一方面不合格都会影响整个酒店服务产品的质量,所以酒店全体员工要真正树立质量第一、质量高于一切的意识。

宾客是酒店服务的享受者,也是服务产品的最终接受者,服务质量的高低就是以客人的满意度来衡量的。由于每位宾客的需求是不一样的,因此,酒店对客人的需求和评价需要进行分析、研究,学会从客人的角度看问题、思考问题,理解和同情客人的需求,尊重客人的独特性,寻找服务机会,快速地对宾客的要求做出反应,为客人提供个性化服务,使客人产生信任感,进而成为忠诚客户。

一个酒店的产品与服务保持高质量需要全体员工共同努力,员工应共同承担质量责任。全面质量管理强调全员参与,在培训过程中,要注重对员工宾客意识、文明意识、效率意识、协作意识的培养,强调质量意识,使他们充分了解自己的角色。

2. 努力提高员工素质

酒店的服务质量在很大程度上取决于员工的素质,员工的素质也是酒店产品质量的一个组成部分。为此,通过培训和思想教育,不断提高广大员工的技术水平,改善员工的服务态度和精神面貌是酒店质量管理的重中之重。

质量掌握在员工手中,好的质量、优秀的服务不是检查出来的,而是优秀员工创造出来的。每一次为客人服务都是关键时刻,而员工就是这个关键时刻的关键人物。员工是酒店最重要的资源,员工队伍建设也是质量管理的根本问题。

3. 坚持多样化与个性化服务

宾客的满意度对酒店的生存具有决定性的作用。宾客对服务质量的评价往往含有主观感受的成分，宾客一旦感受不好，将会自动放弃对该服务的采购，而且会把这一信息传播出去。服务质量的优劣将直接影响服务组织的业绩。所以，必须通过质量管理保证服务质量。

宾客是否满意是衡量酒店服务质量好坏的唯一标准，但是宾客不是用具体的、可以测量的标准来衡量自己的满意度的，而往往只凭在酒店的体验和感受来评价。

酒店宾客来自四面八方，情况非常复杂。酒店提高经营管理水平，改善服务质量，就是要使多种类型、不同文化层次、不同性格、不同爱好、不同习惯的宾客，在不同时间、不同消费场所对酒店提供的服务有一个好的感受与体验。

作为酒店服务的窗口，每个前厅服务员都要保持自己最好的形象，面带微笑、精神饱满，用最美丽的一面去迎接客人，让每位客人走进酒店时都体验到员工的真诚、热情，产生宾至如归的感觉。

（1）一站式服务

前厅服务员要熟悉酒店的基本情况，不但需要通晓客房房型及其特点，熟悉掌握操作流程，快速准确地为客人提供登记入住、退房结账、咨询等服务，还要了解酒店各经营部门的基础知识和最新优惠活动等信息，以便能为客人提供更为快捷的服务。一站式服务能够为宾客提供更加快捷方便的服务。

（2）贴心服务

前厅服务员要为客人提供贴心式服务。在客人办理手续时，要多关心客人，多询问客人。如果是外地客人，可以向他们多讲解当地的风土人情，主动为他们介绍车站、商场、景点的位置，询问客人是否疲劳并快速地办好手续。客人退房时，客房查房需要等待几分钟，这时不要让客人站着，要请客人坐下稍等并主动询问客人住得怎样或是对酒店有什么意见，不要让客人觉得被冷落了。贴心式服务能使客人多感受到一份温馨，也能消除宾客在酒店里所遇到的种种不快。

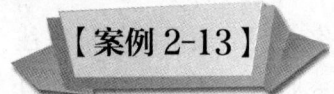

布朗先生发传真

一天上午，酒店客人布朗先生来到酒店商务中心，要求马上发一份传真给英国的公司总部。看到布朗先生着急的样子，商务中心接待员也不敢怠慢，拿过布朗先生手里的文件迅速地往传真机上一放，然后很快将文件传真过去。文件成功地传输了过去。布朗先生才放下心来。

到了下午，布朗先生怒气冲冲地又来到商务中心，投诉说上午发过去的文件一个字也看不清，都是模糊的。接待员拿过布朗先生的原件一看，原件上的文字密密麻麻，字体非常小，但是能看清楚，酒店的传真机也是好的，没有问题。那怎么会出现这样的情况呢？

【评析】在传真一些字体小、行距小的文件时，服务员一定要注意提醒客人，功能再强的传真机也传不清楚此类文件。所以服务员要大体看一下每份要传真的文件，如有此类情况应当提醒客人。

同时，要将传真机调至超清晰的设置，尽量放慢传真的速度，以提高清晰度。上述案例所发生的情况是完全可以避免的，如果服务员注重了细节，事先查看了传真件，相信一个不必要的投诉就可避免。

（3）微笑服务，耐心沟通

前厅服务员在与客人沟通的过程中，要讲究礼节、礼貌。与客人交谈时，低头或直盯着客人都是不礼貌的，应保持有效距离与客人进行目光交流。要多倾听客人的意见，不打断客人讲话，倾听时要不断点头示意，以示对客人的尊重。面对客人要微笑，特别当客人提出批评时，一定要保持笑容，客人火气再大，员工的笑容也会给客人"灭火"，很多问题也就会迎刃而解。要多用礼貌用语，对待客人要做到来时有迎声，走时有送声，麻烦客人要有致歉声。与客人对话说明问题时，不要与客人争辩，就算是客人错了，也要耐心解释。只要员工保持微笑，就会收到意想不到的效果。

不可以

经常住酒店的高先生来到总台,告诉总台服务员他买的是下午4:00的火车票,询问能否在下午2:00退房(按酒店规定,退房时间是中午1:00)。总台服务员小黄面无表情地回答客人说不可以,客人再问一次,他仍然回答不可以,客人又问,他还是答不可以。客人非常生气,大声说:"你们的服务质量太差了。"

【评析】服务人员在处理问题时一方面要坚持酒店的原则,另一方面又要灵活应变,力求在维护酒店利益的同时满足客人的要求。在这一案例中,对方是熟客,可请示上级领导再回答,不能直接拒绝客人,以免让客人产生不受尊重的感觉。

四、服务质量的检查和控制

1. 前厅服务质量信息系统

要提高前厅服务质量,酒店管理人员必须认真听取客人、竞争对手和内部员工等方面的意见,建立服务质量信息系统。

任何成功的酒店都有一整套完善的产品质量信息反馈系统,以利用反馈信息不断改善自身产品。酒店产品也同样需要反馈质量信息,以便对存在的服务缺陷进行有针对性的改进。另外,信息反馈还可以及时了解客人的个性需求,为客人提供个性化的服务,这既可以对服务进行完善,也有利于酒店不断提高自身服务质量标准,以适应市场需求。

酒店通常采用以下服务质量调查方法。

(1)客人满意度调查

酒店可以利用各种渠道和方式,如会议、电话调查、问卷调查等,在员工每次服务工作结束后调查客人的满意程度,收集客人的反馈信息,或者定期走访一批客人,了解客人对本酒店服务的期望和评价。管理人员必须直接听取客人的意见,而不能只听取调研人员汇报量化的调研结果。应该直接地向客人进行询问,以获得大量、生动、可信的信息,更深入地了解客人的需要。

(2)明察暗访

酒店应定期或不定期地邀请有关专家和同行以客人身份住进酒店,评估酒店的服务质量。这种做法可以在酒店全体员工都知道的情况下进行，也可以在酒店全体员工不知道的情况下进行。

（3）专题座谈会

专题座谈会的调查对象可以是本酒店的客人或竞争对手，也可以是本酒店的员工。调查对象可以在这类座谈会上为酒店提供正式的信息，提出各种改进服务工作的建议。

（4）客人投诉档案

前厅部对发生的质量事故、服务案例等必须及时反馈、记录，对质量问题进行统计总结，实行专人专管和定期、不定期检查制度。通过分类整理客人的投诉、评论和问询情况，可及时发现服务中存在的问题。

（5）员工意见反馈

员工直接为客人服务，了解本企业服务质量问题产生的根本原因，能为改进服务工作提出宝贵意见。收集员工在服务现场获得的信息可以使管理人员了解客人对本企业服务的期望和评价。

（6）经营数据记录系统

前厅部应负责记录、分类、整理、分发服务差错率、员工回应客人要求的时间、服务费用等经营实际数据，监控服务实绩，以便采用必要的措施提高经营业绩。

2. 前厅部服务质量控制

前厅部服务质量控制是指采用一定的标准和措施，监督和衡量服务质量管理实施和完成情况，并随时纠正服务中出现的问题，确保管理目标实现的行为。

（1）质量管理网络构成

前厅部应建立以部门经理为首、各级管理者配合的服务质量管理网络，建立从上至下、从内到外的质量监督管理体系，全面控制部门的服务质量。管理网络的建立可以使酒店管理者及时发现问题并予以解决，确保服务产品的低缺陷或无缺陷。

一般来说，前厅服务质量管理网络由四级检查层次构成，各层次分别如下。

1）接受酒店服务质量领导小组的检查，主要从全局上进行把握。

2）接受质检部的稽查小组检查，它是质量检测的主要职能部门，从制度的制定到实施及反馈等各环节进行具体操作和运营。

3）前厅部经理、主管组成的部门质检小组。

4）基层质检。这是酒店质量检查的最后一关，当场发现问题当场解决，以便把服务质量问题减少到最低限度。

（2）前厅部检查的方式

前厅部检查有例行检查、抽查和专项检查三种方式。

1）例行检查。按照既定的时间、内容和标准对前厅部进行全方位质量检查。例行检查必须以前厅部质量标准为依据，必须坚持经常化、制度化，要严格按标准检查，检查要认真细致，发现问题要及时记录并责令有关岗位解决。

2）抽查。事前不做任何通知的检查。抽查一般不像例行检查那么正规，以检查人员少、内容重点突出、手法灵活多变为特点。

3）专项检查。针对某个具体的服务内容进行的检查活动，包括按专题检查和根据特殊需要检查。

一家酒店在激烈的市场竞争中要站稳脚跟，决定的因素很多，但最根本的就是产品质量，而要抓好产品质量，质量管理工作是关键。只有在制定明确的质量标准和严格的质检制度的同时，全面强化全体员工的质量意识，努力提高员工素质水平，以准确的质检反馈信息为依据，才能不断弥补产品缺陷，达到保证并提高产品质量的目的。

思考题

1. 仪表仪容对于酒店前厅服务的重要性有哪些？
2. 在前厅服务工作中，如何提高语言沟通能力？
3. 前厅服务员如何保持心理健康？
4. 酒店前厅如何提高服务质量？

职业模块 ③
计算机使用知识

培训课程 1　计算机基础知识

培训课程 2　计算机网络基础知识

培训课程 3　酒店前台系统操作基础知识

培训课程 1

计算机基础知识

一、酒店中计算机应用的发展过程和意义

1. 酒店中计算机应用的发展

随着计算机技术的飞速发展，计算机在酒店中的应用已深入酒店的各个部门，特别在信息处理领域，计算机已成为酒店运营最重要的工具。在酒店现代管理中，酒店管理信息系统已成为酒店现代科学管理的重要内容，是酒店经营必不可少的工具。

酒店计算机管理系统是一种企业信息管理系统，但不同于一般的管理系统，其具有一些自己的特点和要求。

我国酒店计算机管理系统最早在20世纪80年代初开始应用，到了20世纪80年代中后期，随着国外酒店计算机系统的大规模引进，国外酒店的先进管理技术引入我国，进一步促进了我国酒店管理技术的发展。我国酒店管理系统正是在充分吸收国外管理系统精华的基础上，结合国内的实际情况，逐步发展成熟的。到了20世纪90年代中期，随着计算机在酒店中的普及应用以及计算机技术的不断发展，酒店计算机系统的发展到了一个新的时期。

由于计算机在酒店业中的成功应用，明显地提高酒店业的经济效益、服务质量和工作效率，使酒店决策者全面了解营业情况，完善和改进酒店内部的管理体制。

到目前为止，酒店业中的计算机应用已经经历了以下几个阶段。

（1）电算化阶段

早期酒店业计算机的应用，主要是对酒店运行过程中的人流、物流、资金流和信息流进行输入、存储、处理和输出，使员工可以利用计算机系统来处理简单、琐碎、重复性的工作，这一阶段的信息化应用并没有从深层次上改变传统酒店业

的内部管理流程，仅仅是替代手工操作，远未达到彻底改变竞争方式和经营管理模式的要求。

（2）自动化阶段

随着计算机在智能楼宇控制自动化和酒店设施设备管理监控的应用，酒店设备运行管理的自动化逐步走向高层次信息化应用，如从暖通系统监控、给排水系统监控、供配电与照明系统监控、火灾报警与消防联动控制等，发展成由中央管理站、各种DDC（direct digital control，直接数字控制）控制器及各类传感器、执行机构组成的，能够完成多种控制及管理功能的智能化、自动化控制系统。同时，这一阶段还实现了酒店办公业务自动化，实现了文档信息的方便、快捷、准确传递和管理。

（3）网络化阶段

以互联网和数字化为特征，网络化建设也成为酒店业信息化建设中的重要组成部分。网络化不仅包括提供宽带接入线路，方便客人在酒店内高速上网，还包括以下内容：创建酒店网站以供客户浏览，进行互动式的数据查询和客户自助服务功能；提供市场销售、宣传推广、订房管理功能；运行突破业务电算化功能的酒店管理MIS系统；以因特网为基础，构建方便员工的移动办公系统和面向社会的电子商务系统。在这一阶段的应用重点是网络营销和网上实时订房业务。

（4）集成化阶段

为充分实现信息共享和行业最佳业务规范，酒店业信息化步入了酒店流程再造的全新的集成化应用阶段。这一阶段的软件功能主要包括：宴会与销售管理、财务管理、人力资源管理、前台管理、餐饮管理、工程设备管理、采购和仓储、客房服务、商业智能分析、远程数据库交换等几大模块，各个模块之间无缝集成，同时还与多种酒店智能自动化系统如门锁管理系统等实现联动。

（5）协同化阶段

进入互联网新经济时代，酒店信息化追求的新境界是在集成化基础上的协同化应用。酒店通过互联网搭建统一的信息应用平台，将客户、酒店、员工、供应商、合作伙伴等各方联结为一个整体，以实现纵览全局的跨行业、跨组织、跨地区的，实时在线的，端对端数据无缝交换的业务协同运作，其重点在于各方连为一体直接面向宾客提供个性化服务。

2. 酒店计算机应用的特点和要求

（1）安全可靠性

系统的可靠性是指计算机系统保证提供正确管理、决策和经营信息的能力；系统的安全性指的是系统设置安全保护措施，防止信息的泄露和破坏的能力。可靠性主要的意义是防止系统产生不准确的信息，而安全性主要的意义是防止已生成的信息被泄露和破坏。酒店系统是 24 小时运转的，系统不可停止运行。所以要求计算机硬件系统质量高而且可靠，软件系统技术成熟。

一个完善的酒店计算机管理系统应涵盖酒店运行的方方面面，计算机内存储的数据将是酒店管理的依据，而且其中有相当一部分还是酒店的商业秘密，因此系统的安全保密性极其重要。

（2）实时性

酒店前台系统是一个实时系统，"实时"一方面指的是要求响应速度极快，另一方面指的是整个运行环境是完全动态的。例如，账务收银系统不仅服务于财务部门，而且还会与电话、预订、接待、餐饮、娱乐、房务中心等多个部门、模块产生联动，同时对相同客人的账务进行处理。

（3）功能性

要从全局角度考虑酒店的计算机系统设计，系统的代码设计要合理，设计规范要标准，程序设计语言要一致，用户界面要统一，对系统的数据采集要做到数出一处、全局共享，使一次输入得到多次利用。

一个好的系统设计首先必须保证系统功能的完整，这包括系统是否解决了用户所希望解决的问题，能否提供符合用户需要的信息输出等。

3. 计算机应用对于酒店管理的意义

酒店必须为客人提供吃、住、游、购等全方位的服务，并满足客人各种临时的、琐碎的需要。这就要求酒店不仅要有很强的物业管理和服务管理能力，还要有很强的信息管理能力。酒店运作产生的大量信息在各个部门流动，这种信息是非常复杂的，并且是随时可能发生的。随着酒店业信息系统的现代化进程，计算机处理的信息会越发复杂。计算机在酒店中的应用越来越重要，其最终目的是提供高水平的酒店服务。

酒店必须建立起这样一个信息管理系统：管理者和员工（甚至包括客人）都能方便、快捷地获取他们所需的各种信息，并能利用这一系统对各种事务进行准确、及时的处理。计算机硬件和软件及网络技术的飞速发展使建立这一系统成为现实，并且使酒店业获得了前所未有的发展机遇，也从最直接的获利形式上确定了计算机网络技术在酒店业的地位。

（1）提高酒店的管理效益及经济效益

应用酒店管理系统可以节省大量的人力物力，增加酒店的服务项目，提高酒店的服务档次，减少管理上的漏洞，从整体上提高酒店的经济效益。如完善的预订功能可防止有房不能租或满房重订的情况出现，可随时提供准确的房间使用和预订情况，从而提高客房出租率；客人费用的直接记账可有效防止逃账的发生；完善的分析功能可用于市场销售，如确定宣传的重点地区和掌握价格的浮动等。

酒店信息系统能提供完备的历史数据，并可提供各种分析模式，可使管理人员方便地完成复杂的统计分析工作，并加强对酒店运营的内部控制，增强管理人员的控制决策水平。

（2）提高服务质量

由于计算机处理信息的速度很快，可以大大减少客人入住、结账的等候时间，提高对客服务质量；可以提供高效的信息查询手段，使客人得到满意的答复；可以达成餐费、电话费、洗衣费等费用的一次性结账，不仅方便了客人，也提高了酒店的管理水平；可以支持回头客自动识别、黑名单客人自动报警、VIP客人鉴别等功能，有利于改善酒店的服务；可以制作清晰准确的账单、票据、表格，使客人感到享受；可以建立完善的预订系统，使客人的入住有充分的保证。

利用计算机可以进行完善的客史档案管理，更使对客人的"个性化"服务得以很好的实施。利用计算机保存大量的客人历史资料并进行统计分析，可对常客或消费额达到一定数量的客人自动给予折扣；也可对客人的消费特点进行分析，总结出客人生活方面的要求和特点，研究如何为客人提供更合适的个性化服务，如安排房间、提供就餐选择，甚至细致到给客人送什么报纸杂志、生日送什么礼品等。计算机的应用大大提高了酒店的服务质量。

（3）提高工作效率

计算机管理可大大提高业务运作的速度和准确性。如计算机的自动夜间稽核功能结束了手工报表的历史，资料的保存功能淘汰了抄客人名单等低效工作方式，严格的数据检查避免了因手工操作疏忽而造成的错误，票据的传送、登记、整理、复核等一系列的繁重劳动也可大为减少。

计算机所具有的强大的处理能力，配合为酒店设计的专用管理软件以及运用现代通信技术布线结构连接酒店的各个部门，构成了完整的酒店信息管理系统。

概括地说，酒店信息管理系统是用电子计算机技术和通信技术对酒店信息进行管理的人机相结合的控制系统，它能极大地提高酒店信息处理的精确性、准确性和及时性。而作为酒店本身，可以将计算机通过信息高速公路接上全球交互网络，以发布电子广告或向客人提供订房服务等。

（4）完善酒店内部管理体制

科学、正规、系统的酒店软件系统在酒店管理体系中发挥着强有力的稳定作用，可明显地减少员工及管理人员的流动对酒店管理运作的不良影响。系统提供的多种安全级别，可以保证各类数据不被无权过问的人查阅和操作。管理系统提供的审核功能，各种费用的优惠控制，应收账款的管理，员工工作量的考核，员工操作过程的跟踪等，均可加强酒店管理，使管理更加规范高效。

二、酒店管理信息系统的构成

1. 计算机硬件

酒店管理系统使用的体系结构一般有三种类型：单机系统、集中式处理结构和分布式处理结构。这三种结构随计算机技术的发展而先后产生，至今还在不断地发展变化。

（1）单机系统

由一台主机、显示器、键盘、打印机等，以及对应的软件组成，能完成一些简单的酒店业务，该结构目前已很少使用。

（2）集中式处理结构

采用一台或两台小型计算机作为主机，使用人员通过各终端与主机联系，进行各类数据处理作业。这种结构的优点是数据处理能力强、数据安全、可靠性高。缺点是终端本身没有处理能力，系统处理速度将随终端数量的增加而明显减慢，而且一般终端只有字符界面，用户界面不美观。在20世纪70年代到80年代末，其为酒店信息系统最理想的结构。

（3）分布式处理结构

以小型计算机作为网络服务器，通过网络连接各个工作站，而各工作站都是一台独立的微型计算机，本身具有数据处理的能力，需要时可联机入网在服务器内进行数据处理。这种结构结合了局部网络和集中式多用户系统的优点，由服务器和工作站协同处理，充分发挥系统的优越性，是目前酒店信息系统最佳的体系结构。

2. 软件结构

从酒店管理信息系统使用者的角度看，软件结构就是酒店管理系统的功能结构，各种功能之间又有各种信息联系，这样就构成了一个有机结合的整体，形成了一个完整的软件功能结构。因此，系统一般可分为前台（对客服务）和后台（内部管理）两大部分，另外还可包括对前后台系统的功能补充的扩充系统（有的系统把扩充系统直接包含在前后台系统中），以及各种各样的系统接口。事实上，酒店管理软件可以是一个覆盖整个酒店管理所有方面的、非常庞大的系统。

3. 酒店管理软件系统

酒店管理软件系统是指一种可以提高酒店管理效率的软件或平台，一般包含前台接待、前台收银、客房管家、销售终端、餐饮管理、娱乐管理、公关销售、财务查询、电话计费、系统维护、经理查询、工程维修等功能模块。

（1）酒店管理软件系统特点

1）资源完全开放，系统所有的资源、功能交由用户管理，权限控制到按钮，可以针对不同的用户组装不同的界面，分配不同的使用功能，若不能满足需求可添加权限到按钮。

2）系统突出对以预订、房源、房价等对营销具有影响力的信息进行处理，房价码可按年、季、月、周、日设定。

3）强化以客源为中心的信息完整性、长久性、可操作性，建立了以客人档案为中心的用户信息管理系统。

4）使用数据穿透查询技术，对数据进行多元、多层次的查询，从汇总数据到明细发生，紧密联系在一起，灵活实用。

5）客人档案、角色、佣金、房价方案、授权折扣、操作权限到按钮、信息向角色发布系统既面向应用，又面向管理。

6）酒店集团管理系统可以采集各成员酒店的原始数据并对采集来的数据进行分类、汇总、分析等处理，形成管理决策所需的数据信息并产生各种分析报表。

7）界面美观大方、操作方便。

8）系统稳定、适应性强、操作灵活。

（2）酒店管理软件系统的优势

1）提高效率。

快速、简捷的操作：界面直观，操作使用简捷、明快。

夜审功能：系统的夜间稽核产生的报表功能完备，可为管理层提供决策数据，彻底结束了手工报表的历史。

强大的分类统计功能：系统可按各条件的分类，令销售部及管理层随时可以得知回头客、协议单位等客人的入住情况。

消费排行：系统可提供单次入住排行和客人入住总排行，酒店可根据具体情况给予客人一定优惠，或赠送会员卡、打折卡，鼓励客人消费。

详尽的房态信息：系统可提供多种房态，且都有图标相对应，以此为相关部门提供详尽、明了的房间信息。

2）提高效益。

订房控制：系统可提供完善的散客和团体预订功能，可防止有房不能出租或满房重订的情况出现，可随时提供准确和最新的房间使用和预订情况，从而可提高客房出租率。

营业收入的自动统计：系统可提供收入汇总表，使酒店管理层清楚知道各时期客源变化与收入结构变化，及时调整经营方式与策略。

电话控制：系统可提供电话自动计费及电话开关控制，可杜绝话费的跑账、漏账，并可防止服务员私打电话。

3）加强管理。

授权控制：通过系统可严格控制房价，并确定不同的折扣授权，且以报表的形式进行监控及查核。

收银入账的管理：收银入账均只能红字冲销，不能修改当前记录，以符合财务规定。

对计算机权限的管理：系统各项功能均有严格的权限控制，保证各类数据不被无权过问的人察看和操作。

 **相关链接**

酒店管理系统十大品牌

1. 西软

石基旗下的西软，在国内四五星级酒店市场占有率超过80%，稳居国内市场占有率第一。作为opera公司在中国的唯一代理商，可以说一定程度上石基垄断着中国高星级酒店的酒店管理系统。进入2020年，石基西软践行"云+移动"战略，全面升级云平台，除了PMS（property management system，酒店管理系统）功能以外，还集成了POS（point of sale，销售终端）、移动产品等模块，广泛适用于单店、集团用户。

2. 金天鹅

"北有西软，南有天鹅"。17年的行业积淀，国内最先倡导"7×24"小时售后服务体系和功能齐全操作简单的PMS系统，为金天鹅积累了10万以上酒店投资人的口碑。2020年，金天鹅整合PMS系统到云平台，自主开发核心产品——2号店长，打造酒店商业数据化服务解决方案，涵盖IT、供应链和运营三大板块，彻底解决了酒店降本增收的难题。可以说，如今的金天鹅已经成为酒店投资者首选的酒店管理软件之一。

3. 中软好泰

中软好泰针对不同类型酒店精心打造的PMS系列产品，分为专业版、企业版、国际版系统，能够满足国内外不同类型酒店管理所需，包括传统C/S（server/client，服务器-客户机）架构产品及基于云技术的慧云酒店管理系统，这套系统目前正在为全世界数千家酒店提供管理支持，是酒店实现管理和电子化营销的制胜之选。

4. 众荟

2018年7月，众荟将PMS拆分为独立公司，并入携程业务范围。众荟从数据智能服务平台切入PMS，其本身就有一定的资源沉淀，在其PMS面世以来，以友好的界面、便捷的操作而受到市场青睐。

5. 绿云

绿云是基于云计算技术和B/S（browser/server，浏览器和服务器）架构自主研发、运营的iHotel酒店信息化平台，已经形成绿云PMS、Oracle Hospitality（opera PMS）、数据平台、电商平台四大业务集群，构建起了以客史及会员数据为依托，用大数据技术重构的线上线下一体化的酒店营销体系。

6. 别样红

2018年被美团全资收购的别样红，一直以新锐的互联网思维和产品为行业熟知。其旗下云PMS产品是业内真正基于互联网云端架构的酒店云管理系统，为酒店提供了一整套成熟落地的管理思想和管理体系。2019 年，别样红宣布推出新的酒店收益管理产品，同样引起了广泛关注。

7. 罗盘

罗盘是基于云计算技术的酒店管理系统，其最大优点在于支持 48 小时断网操作，这个功能可以"秒杀"一众同行，成功实现了酒店管理系统—中央预订系统—酒店网站的对接。使用该系统时不需要购置服务器，硬件及软件系统支持永久在线升级，节省系统升级和系统维护人员的成本，并且其界面干净、操作简单，最近发展很快。

8. 住哲

住哲是同程艺龙旗下的酒店 PMS 服务商，其核心酒店管理系统是基于云计算的住哲连锁酒店管理系统（适用于连锁酒店）、住哲客房管家（适用于中小酒店）以及中央管理系统和移动办公 PMS，另有微信订房、微信自助入住系统、手机 App 订房、互联网订房等酒店网络营销产品。

9. 简单点（佳驰）

长沙佳驰软件有限公司成立于 2007 年，主要从事酒店管理软件自主研发与销售，旗下简单点酒店管理系统采用 PMS 信息管理云计算服务体系、简单点酒店营销平台、酒店自助开房机、简单点云 PMS，该公司多次获得业界荣誉，成为酒店管理软件行业中不可忽视的一股力量，与超过 50 000 家酒店建立了合作关系。

10. 云掌柜

"云掌柜"是北京米天下科技股份有限公司的核心产品。该公司成立于 2012 年 2 月 9 日，目前总部设立在上海，是一家致力于提高民宿运营和管理效率的一站式服务商。

培训课程 2

计算机网络基础知识

一、计算机网络对于酒店管理的意义

互联网是将全球的计算机网络连接而形成的计算机网络系统，它使得各网络之间可以交换信息或共享资源。其特点是信息量大，信息传递的速度快，信息的获取和发送不受时间、地点的限制，用户众多并且发展速度很快。

从酒店产品生产和提供服务的几个环节来看，互联网有利于酒店及时收集信息，改进工作，缩短酒店产品的生命周期，促进酒店的良性循环，使酒店提高工作效率，减少成本，保证了产品质量。同时，国际互联网也有利于提高酒店工作的时效性，大大提高信息反馈速度，为酒店赢得了时间，因而也赢得了更多盈利的机会。

1. 塑造酒店的企业形象

企业内部网是应用互联网技术建立起来的内部网络，其通过将电子邮件、主页浏览等互联网技术与企业信息系统有机地结合在一起，向企业内部员工及与企业关系密切的供应商或客户提供灵活、综合的信息服务，从而塑造酒店的企业形象。它是酒店在互联网中的形象窗口，通过将酒店有关信息及时在网站上公布，酒店的合作伙伴和旅游者可以直接通过网站了解酒店，并通过网站与酒店进行沟通、开展预订。

2. 用于拓宽酒店的销售渠道

酒店在利用传统手段宣传促销产品的过程中会花费大量金钱，如，通过印刷小册子、传单和各种印刷品，推出电视广告、约请代理商进行实地考察等传统方法进行促销，都会产生惊人的费用。互联网促销作为一种促销手段，能提供丰富的酒店资讯，提供全天候、全方位的服务，全面解决酒店产品促销所可能遇到的问题。酒店只需要在网页设计上花费少量费用，就可以将自己的产品宣传出去。

而且，一旦内容发生变化或有新的产品出台，酒店只需要在网上进行修改即可，节省了大量的经费。

3. 满足客人的需求

从客人的角度来看，网络可以为其提供相对全面的酒店资讯，为其旅游决策提供参考信息；还可通过电子邮件的形式及时与酒店进行联系，提出自己的具体要求，从而得到满意的答复。这既减少了信息失真，又降低了产品成本，使酒店和宾客双方获利。

二、网络的主要应用

网络的应用前景越来越广阔，其基本应用可以分成以下几个方面。

1. 信息浏览

万维网通过超级文本标记语言组织文件，为所有浏览信息的用户提供了一种方便的获取信息的方式。简言之，超级文本标记即为在单词或词组之间建立链接，当选中后，这些链接将浏览者关联到同一文档中相关的文本或另一个不同的文档。此后，超文本的概念被扩展到联合超媒体的概念，即可以与图形，视频或音频建立链接。

2. 电子邮件

电子邮件是网络最基础也是使用最多的一项服务，和普通邮件相比，电子邮件的优点如下。

高速——邮件可在几秒钟内发送成功，收件人立刻就可以收到。

便宜——成本远远低于 FAX 和普通邮件，发送一封国际电子邮件只需要付出低廉的网络使用费。

修改容易——可以直接在信件上进行修改。

传送多媒体信息——随着多媒体技术在网络中的应用不断增加，现在的电子邮件不仅能传送文字信息，诸如语音、图像、图形、动画、影视等多媒体信息一样可以传送。

全天候服务——网络能提供真正的全天候服务，不需要人工干预。

3. 文件传送

文件传输协议（file transfer protocol，FTP）是网络上最主要的一种文件传输手段。网上有许多公用的计算机采用匿名 FTP 的方式对所有用户提供文件下载服务，这种用来提供匿名 FTP 服务的计算机被称作 FTP 服务器。每个连入网络的用户只要知道这些 FTP 服务器的地址,就可以与它们进行连接并获取其上的各种资源。通过 FTP 人们可以获取许多共享软件,为网络使用者提供了便利。

4. 即时通信

即时通信软件在影响和改变着人们交友的方式,提供了另一种交流的途径。

常用的即时通信工具有:网络电话、微信、QQ、网络实时交谈等。即时通信的原理是通过 TCP/IP 协议,令多个用户登录到一台远程服务器上,通过这台服务器交换信息。

即时通信为人们提供了一种崭新的交流方式,打破了距离和其他外界限制。

三、酒店网站的建立

1. 酒店网站的主要信息

(1)酒店名称、简介、地理位置、联系方式(电话、传真、地址、电子邮件等)。

(2)酒店标志,一些酒店设计了企业视觉识别系统(visual identity system,VIS),网站设计时应注意沿用 VIS 规范。

(3)新闻动态、最新信息(新闻应有发布日期、最新信息只好用明显的标志注明)。

(4)酒店客房、餐饮、娱乐、商务及其他服务项目介绍(含相关图片),最好能详细描述并标明价格。

(5)特别信息(如有奖活动、优惠项目、奖券发放)。

(6)各方好评,如以往宾客对酒店服务的赞扬、行业管理部门的评定、评比结果和奖励等,这是提高酒店网站可信度的重要手段。

(7)酒店优秀员工介绍,例如选取员工代表,刊登其照片、姓名、职位和技能、兴趣、工作理念等。

(8)常见问题解答。

(9)其他信息(如酒店当地旅游景点、旅游须知等)。

(10)站点内容最近更新日期。

(11)友情链接。

(12)版权保护。

此外,酒店网站还应该具有客房预订、会员注册、网上论坛、网上留言板、网上调查表、后台管理、邮件列表等功能。

2. 酒店网站设计要领

（1）突出酒店的特点和风格

酒店网站的设计要抓住酒店在同行业中特别是在本地同行业中的突出特点，以增加浏览者的兴趣，挖掘潜在的客户。同时，要突出酒店的性质和酒店的文化特色，为了突出酒店的性质和文化特色，网站的设计要突出酒店的服务宗旨、服务特色和产品特点。

（2）多语言版本

酒店要接待不同国家和地区的客人，因此酒店网站应当设计为多语言版本，这将大大提高酒店在国际上的影响力。

（3）运用更多的新技术

目前与网站相关的技术发展较快，主要体现在四个方面。

1）数据库技术的应用不仅可以方便用户管理和维护大量的信息，同时可以结合网页自动生成技术迅速地更新各类网页信息，实现网站管理和网页制作自动化的目的。

2）网络音频技术的应用可以极大丰富为客户服务的手段。酒店介绍、总经理致辞、客户导读、服务设施介绍等，都可以做到活灵活现。

3）网络视频技术的应用可以大大拉近客户与酒店之间的距离。可以通过视频技术使客户对酒店的各种服务设施一目了然。

4）应用网络虚拟现实技术可在网站中建立三维模拟酒店，令宾客在光临酒店之前就能够体验酒店的设施，更好地展示酒店的服务。

5）提供交互式访问方式，做到让每一个进入网站的访问者都能与酒店工作人员进行线上交流，令酒店可以听取客人的意见，了解客人的需求情况。

3. 酒店网站的作用

（1）满足宾客获取信息的需求

酒店网站的目标用户是酒店的客人或者潜在顾客，他们为了了解酒店的信息而访问网站。酒店网站就是为了满足客人对了解酒店、获取信息的需求而建设的。在网站上，酒店可以综合运用各种多媒体手段，展示各种服务设施、设备，使客人远在千里之外就能了解酒店的相关信息。

（2）满足商务应用需求

随着网络应用的不断深入，网络订房也为越来越多的人所接受。酒店网站提供网上订房服务是一个基本的功能。酒店工作人员通过维护和后续的服务，让访问者产生兴趣，客人在网上订房和普通预定一样能够得到及时、准确、有效的处理。

（3）满足客人与酒店交互的需求

酒店网站加强了客人和酒店的互动，客人在酒店网站上不仅可以了解酒店的信息，还可以与酒店交流，酒店网站的服务是现实中酒店对客人服务的延伸。客人可以通过网站预先"享受"到酒店的优质服务，消除其猜测与疑虑。同时，客人也可以从预先的体验中形成对酒店服务的正面期望，在客人光临酒店后，如果这种期望与服务实绩相符合，就会提高客人的满意程度。

参与酒店网站互动的人除了酒店的忠诚客人以外，还有初次消费的客人、竞争者、员工、网上游客等。其中，想购买酒店产品和服务的人和能影响他人购买决策的人对酒店最有价值。酒店网站可以通过收集这些最有价值的访问者的需求和意见，来改善酒店的服务质量。

 **相关链接**

酒店建网站的九大好处

1. 多

信息量多，酒店不仅可以用文字、图片、动画等方式宣传酒店的服务项目，而且可以对酒店进行介绍、公布酒店服务价格、提供订餐服务、举办定期优惠活动，等等。

2. 快

信息更新快，网站上的信息更新比任何传统媒介都快，通常几分钟之内就可以做到内容更新，从而使酒店在最短的时间内发布最新的消息。

3. 省

建立网站的费用较低，维护费用则相对较少，费用相比传统广告媒介更为低廉。

4. 全

网站宣传有"三全"，一是全方位，二是全天候，三是全世界。全方位是指可以宣传酒店的方方面面，而不必担心受到时间、版面限制；全天候是指网站可以24小时开放，任何时间、任何人都可以浏览；全世界是指无论国内外都可以浏览酒店的网站，网站可以成为酒店面向全世界的一个"电视台、出版社、广播站"。

5. 特

网站具有独特的优势，酒店可以在网站上发布调查表，得到来自消费者的最新信息，还可以建立留言板和论坛，倾听消费者的呼声，请消费者为酒店发展献计献策。酒店更可以在搜索引擎上注册自己的网站，这样消费者就可以很快搜索到酒店网站。

6. 名

建立网站对树立酒店形象很有好处，通过精心设计的网站，酒店将以一种生机勃勃、充满活力、迅速接受新鲜事物、领先时代潮流、不断发展的形象出现在世人面前，这种形象是花钱买不来的。

7. 易

建立网站非常容易，不需要有专门的设备、专业的人员，也不需要由出版部门或者广告部门批准。

8. 益

建立网站除了可以宣传酒店以外，更大的益处是可以开展电子商务以及网上订房。

9. 廉

建立网站后，还可以使酒店更好地利用网络优势，开展在线业务，充分享受网络带来的便捷并降低经营成本和廉价。

四、网上订房的优势

越来越多的酒店开设了网上订房功能，相较传统订房，网上订房具有很大的优势。

1. 使客人更加全面、快捷地了解酒店的信息

网络出现之前，酒店传统的订房方式通常为电话预订。客人选择了旅游目的地之后很难了解当地酒店的状况，如数量、规模、星级、服务水平、预订情况等，这就给预订工作带来了很大的麻烦，即使是规模较大的旅行社获得上述信息的途

径也非常有限。

网络的出现使人们之间的距离变得越来越近，随着在万维网上的超媒体信息形式越发多样，旅游酒店的宣传工作也获得了发展的空间。例如，酒店可以把大量的信息如历史信息、服务信息、酒店的获奖情况等放到自己的网站上，做成超链接供客人查阅；还可以用数码照相机或数码摄像机把酒店的硬件设施和服务人员的服务过程"记录"下来让客人浏览，给客人以身临其境的感觉。

网络不是静止的，信息更新的速度快是其最大的特点。例如，旅游旺季酒店有什么样的特殊服务、淡季房价的打折情况、又增加了哪些特色菜肴等，世界各地的客人只要有一台联入互联网的终端就可在第一时间获得以上信息，不仅为酒店争取到了客人，也为客人的预订提供了可供参考的资料。

2. 实现了酒店与客人的双向沟通

网络信息流通的双向性和交互性是最重要的特性，人们通过书籍、广告或是简介来了解酒店是非常被动的，即使客人已经选择了要预订的酒店，还是要通过电话查询预订状况后再进行预订。有些客人想给酒店提出一些建议，由于其看到的信息不是最新的，所以建议的价值往往不够高。有了因特网，使以上的一切行为都变得简便而高效。

客人可以在查询预订状况后，直接在网上填写预订表单和信用卡号，进行网上订房，这样做既方便又能为客人节省国际电话的开支。如果酒店近期没有空余房间，则可以给客人发一封电子邮件，无论客人在什么地方，只要上网就可以轻松地收到酒店的回信。客人想对酒店提出建议也只须在酒店网站的 BBS（电子布告栏）上留言，或是给酒店发一封 E-mail。

五、预订网络系统

利用计算机网络预订客房，改变了传统的预订方式，逐渐成为酒店争取客源的重要渠道。现在客房预订主要有三种网络系统。

1. 专业预订组织系统

专业预订组织系统即指专门从事全球客房预订的专业公司，这种公司具有很强的客源市场推销和竞争优势，突出表现在以下三点。第一，网络覆盖面广。第二，借助 GDS 扩大市场份额。GDS（global distribution system）即全球预订分销系统，是在原美国航空公司计算机预订机票中心 CRS 基础上建立的分销系统，GDS

的使用者分为两类：一类是服务供应商，即公司、酒店等；另一类是客户，即租用 GDS 网络的专业预订组织及批发商。GDS 起到了产、销之间的链接作用，奉行"一站服务"的理念，提供诸如汽车租赁、酒店客房预订、观光游览、娱乐健身等全方位的专业预订业务，促进了旅游和商务经济的整合。第三，市场定位准确。

2. 中央预订系统

中央预订系统主要由连锁酒店集团各个分店共用的预订平台和管理平台组成。它可以使酒店集团利用中央资料库管理旗下酒店的房源、房价、促销等信息，也可以同其他旅游分销系统，如 GDS、IDS（互联网分销商）与 PDS（酒店官方网站预定引擎）等连接，使成员酒店能在全球范围实现即时在线预订。是酒店集团总部为各个分店完成酒店客房分销的有效工具之一。一套完整的中央预订系统（central reservation system，CRS）同时还应具有与酒店的 PMS 实时对接的房间空置情况和预订情况，酒店的线上线下营销活动均能自动完成，尽量减少人工的参与，提高酒店营销效率。

3. 专有预订系统

专有预订系统是指酒店企业在互联网上自设网址和主页，进行自主营销的系统。该系统采用"网上待订"手段，可以突出企业自身特色，以个性化的企业形象和产品特色在全球自行推销。这一系统初期投入费用低，操作简便。国际知名酒店管理集团如假日、雅高、希尔顿、喜来登、香格里拉、威斯汀、万豪、贵都、富豪等都建立了这样的预订系统。随着我国酒店业连锁化、集团化进程的加快，不少酒店纷纷加入了国际或国内酒店集团的连锁经营。随着互联网的推广使用，越来越多的宾客开始采用这种方便、快捷、先进而又廉价的方式进行客房预订。酒店也越来越注重其网站主页的设计，以增强吸引力。

培训课程 3 酒店前台系统操作基础知识

一、前厅计算机管理系统

1. 前厅模块名称和模块组成

模块名称	模块组成
（1）预定模块	预定房态、网上预订、散客订房、团体订房、订房维护、宴会订餐、会议预订、订房预留、团队日程、综合查询、客户档案管理
（2）总台登记模块	开房房态、散客开房、团体开房、户籍登记、宾客留言、宾客换房、签单凭证、数据转换、修改房价、宾客续住、黑名单管理、客史管理、宾客卡管理、综合查询
（3）总台收银模块	宾客预付、退预付金、预收订金、现金入账、杂项入账、冲账处理、续住处理、退房结账、单项结账、预结房租、团体结账、单位结账、会员管理、交班审核、支票管理、综合查询、付费方式
（4）客房管理模块	房态管理、客房小酒吧管理、洗衣管理、易耗品管理
（5）总台问讯模块	综合查询、在店宾客、当日/当前房态、房态预览、旅游指南
（6）电话计费模块	自动计费、话价管理、分机管理、权限设置、自动报警
（7）商务中心模块	账单录入、价格管理、交班稽核、接待夜核、账务预核、账务夜核
（8）会员管理模块	入会登记、会员查询、日常处理、信息编码设定、会员卡初始化
（9）经理查询模块	信息查询功能、分析统计功能、决策模拟功能
（10）酒店管理信息系统维护模块	权限管理、系统代码管理、系统初始化、数据后备、数据恢复
（11）输出业务报表模块	预订报表、接待报表、客房日报、结账报表、餐饮报表、电话计费报表、夜核报表

2. 前厅各模块功能

（1）预定模块

1）预定房态：显示动态房态，并具有房间预订、预订锁房等功能。

2）网上预订：客人通过访问网站，可以在网上直接进行客房预订，订单自动转入酒店管理系统的预订程序中。酒店收到订单后，由预订员审核订单，确认为合理订单后，进行相应的客房分配和锁房，并通过电子邮件回复客人。

3）散客订房：散客可以通过电话、传真等订房，预订员将客人所需房型、预计到店离店日期及户籍信息输入管理系统的"散客订房单"界面。

4）团体订房：根据接待单位提供的团体信息输入"团体订房单"界面，并可事先输入团体成员的户籍资料，以缩短团体客人入住登记时间。

5）订房维护：订房记录可修改、取消、恢复。

6）宴会订餐：根据客人提供的宴会时间、宴会标准及附加要求（如乐队、鲜花、会议室等）填写宴会预订通知单，合理安排宴会厅，做好接待准备。

7）会议预订：根据客人提供的会议时间、会议标准及附加要求填写会议预订通知单，合理安排会议厅，做好接待准备。

8）订房预留：对重要客人或已确认的订房单预先分配房间，该房间在预订期间不可再开房或预订。

9）团队日程：记录旅游团队的日程安排和活动内容，以采取相应准备工作。

10）综合查询：提供完善的查询功能，包括预订情况、住店宾客信息、宾客入住情况、宾客离店情况、宾客历史档案、客房状态等。

11）客户档案管理：管理旅行社、单位、客人档案。包括档案输入处理、档案基本查询、特殊资料查询、资料汇总分析。

（2）总台登记模块

1）开房房态：显示当日实时房态，可进行开房、户籍登记、留言、换房等工作。

2）散客开房：分预订和非预订客人开房，将预订单内容复制到开房单，系统自动识别入住客人是否属于历史客人、是否在黑名单、来店次数、消费金额及客人信息，同时选择是否开通IDD、户籍登记等。

3）团体开房：分预订和非预订团体开房，输入或从订单中获取团体名称、接待单位等基本信息，同时输入入住房间号，选择是否开通户籍登记等。

4）户籍登记：根据开房房号输入宾客个人信息，并可修改信息。

5）宾客留言：记录访客留言内容，控制客房内留言灯，留言转告客人后删除记录。

6）宾客换房：根据宾客要求及房间情况调换房间，并更改相应记录。

7）签单凭证：定义客人签单限额，发放签单凭证使客人能在店内签单消费，可挂失凭证。

8）数据转换：生成每日报送公安局的外籍宾客户籍等数据。

9）修改房价：调整宾客房价和服务费。

10）宾客续住：办理宾客续住手续，修改宾客的离店日期、收取房租预付金等。

11）黑名单管理：对可疑分子（如存在公安局通缉、酒店跑账、黑账等情况）建立档案，提供查询。

12）客史管理：在住店宾客离店后为其建立档案，包括个人资料、住店天数、消费金额统计等信息，支持客史查询。

13）宾客卡管理：制作、发放、管理住店客人进门卡、消费签单卡及会员卡。

14）综合查询：提供完善的查询功能，包括查询预订情况、住店宾客信息、宾客入住情况、宾客历史档案、客房状态等。

（3）总台收银模块

1）宾客预付：根据酒店要求，按服务项目（如房租、开通IDD与否）收取散客或团队的专项预付金或通用预付金。

2）退预付金：退散客、团队预付金。

3）预收订金：按酒店规定、收入散客或团体订房所需预交的定金。

4）现金入账：录入没有使用计算机的部门当天发生的现金收入以全面统计酒店营业收入情况。

5）杂项入账：录入没有使用计算机的营业部门所有的账单，可以是现金账单、挂账账单。

6）冲账处理：有一定级别的操作员可进行冲账（打折或操作失误）。

7）续住处理：不能按期离店的客人办理续住时，调整收入的预付费用。

8）退房结账：宾客离店时，自动计算宾客的各项费用，打印收据。

9）单项结账：可单独结算宾客某一类消费。

10）预结房租：可为客人提前结账。

11）团体结账：对团体客人统一结账并分开统一付款和客人自付金额。

12）单位结账：结算单位在酒店的所有消费，可进行转账。

13）会员管理：会员在酒店消费时的结算。

14）交班审核：交班下班前的交易审计。

15）支票管理：对使用支票的客户，将支票号码、支票金额、付款单位等输入系统以备查账。

16）综合查询：查询客人欠款、住店客人、客人流动情况、明细历史查询、客人历史、订房单、结账操作、特殊操作查询等。

17）付费方式：客人可选择现金、支票、信用卡、转账等多种付费方式。

（4）客房管理模块

1）房态管理：修改当前的房间状态，将客人离店后清扫过的房间设为空房、设定维修房等。

2）客房小酒吧管理：客房小酒吧账单录入、销售统计、品种统计等。

3）洗衣管理：定义洗衣种类、单价，输入客人洗衣数量、单价、种类。

4）易耗品管理：定义易耗品种类、单价，录入每个班组当日易耗品领取人、数量，进行易耗品领用统计。

（5）总台问讯模块

1）综合查询：提供完善的查询功能，包括订房单、客人入住情况、客人离店情况、客人历史档案、客房状态等；并提供火车、飞机时刻表等信息查询。

2）在店客人：查询在店客人的当日来店、当日离店、逾期离店、逾期未离、换房记录、客人留言等信息。

3）当日/当前房态：显示当日/当前所有房间的状态（空房、出租房、维修房、自用房、备用房等）。

4）房态预览：显示未来一段时期所有房间的可出租情况。

5）旅游指南：提供交通工具（如航班、火车、航运等）的始发、到达时间，提供当地旅游景点介绍等。

（6）电话计费模块

1）自动计费：国际、国内长途电话全部自动计费、自动计入客人账单。

2）话价管理：设定国际、国内不同地区的电话价格，设定特殊时段的电话费折扣等。

3）分机管理：增设或取消电话分机，实现统一管理。

4）权限设置：设置客房长途电话直拨权限。

5）自动报警：对非正常话单（如无客人房出现话单）系统自动报警并打印明细。

（7）商务中心模块

1）账单录入：录入商务中心可能发生的账单，自动计算消费金额。

2）价格管理：设定电传、传真、电话价格管理。

3）交班稽核：核对、统计班次营业收入。

4）接待夜核：对当日入住的客人数、开房数进行统计，对客房出租状态进行分析。

5）账务预核：正式账务稽核前，按营业部门核对当日营业收入（现金和挂账）。

6）账务夜核：自动加收在店住客的房租和服务费，并统计全店营业收入情况。

（8）会员管理模块

1）入会登记：登记会员基本信息，设定会员卡有效期和权限等。

2）会员查询：根据编号、姓名、证件等各种条件查询会员。

3）日常处理：会员存、退款业务、签单账务处理、给予打折、消费积分统计、会员卡挂失、注销等。

4）信息编码设定：设定会员卡类别、奖分类型、会籍状态、可签单销售点等基础信息编码。

5）会员卡初始化：对会员卡编写密码，以保证会员卡的安全性。

（9）经理查询模块

1）信息查询功能：查询酒店的各种信息，如客人信息、公用信息、营业信息、员工信息、财务报表、库存等。

2）分析统计功能：实时监控酒店的经营状况，获取分析数据，包括客房销售分析、宾客来源分析、酒店房价分析、营业收入明细分析、出租变动分析、酒店收入统计、餐饮收入统计及营业情况同期比较等，以直方图、饼状图、曲线图等显示统计结果。

3）决策模拟功能：根据预先设立的决策规则、财务模型或其他分析方法来处理数据，帮助制定管理策略。

（10）酒店管理信息系统维护模块

1）权限管理：每个操作员设置特定的系统登录密码，设置操作权限，以保证系统安全。

2）系统代码管理：客人账号设置、房间号码设置、费用代码设置、客源市场代码设置。

3）系统初始化：在安装系统或重新安装系统时，对各类系统代码进行最初的设置。

4）数据后备：通过外部存储器如软盘、硬盘和光盘存储系统数据备份，一般每天夜间进行。

5）数据恢复：系统故障时，通过系统的数据恢复功能，将原来备份出的数据重新安装到系统中。

（11）输出业务报表模块

1）预订报表：可出租房预报、客房状态报告、客房销售预报、客人来店预报、团体来店预报等。

2）接待报表：在店客人报表、在店 VIP 报表、常住客人报表、免费早餐统计、当日来店统计、当日离店统计、逾期未离统计、逾期离店统计、提前结账报表、国籍日报、客源分析、客房表、房价控制一览、客人留言打印、各种客人统计（如性别、住店天数、职业类型、来自地区、流量表等）。

3）客房日报：可出租房报表、房间状态日报、免费客房日报、客房维修报告、客房自用报告、当日来店客人统计、当日离店统计、预期离店统计、楼层客人统计。

4）结账报表：款项收据日报、杂项客账日报、房间未收款表、团体未收款表、营业部门签单、营业收入明细、营业收入统计。

5）餐饮报表：餐饮收入报表、收款员收入报表、销售明细报表、销售分类报表、毛利报表、当日收入报表、班次收入报表、账单分析报表、销售菜品类别统计报表。

6）电话计费报表：当日电话收入、当月电话收入、分机话费统计。

7）夜核报表：房间应收欠款、团队应收欠款、长包房欠款、全店当日收入、部门营业收入报表、现金收入报表等。

二、实时房态表

1. 实时房态表–1

实时房态表–1的主要功能是向操作员直观地展示宾客各方面的信息，如

VIP、留言、加床等。

执行查询→实时房态表 –1，即可打开"实时房态表 –1"，在打开实时房态表 –1 的界面上单击"9.帮助"，打开帮助窗口，即可打开实时房态表图例，如图 3-1 和图 3-2 所示。

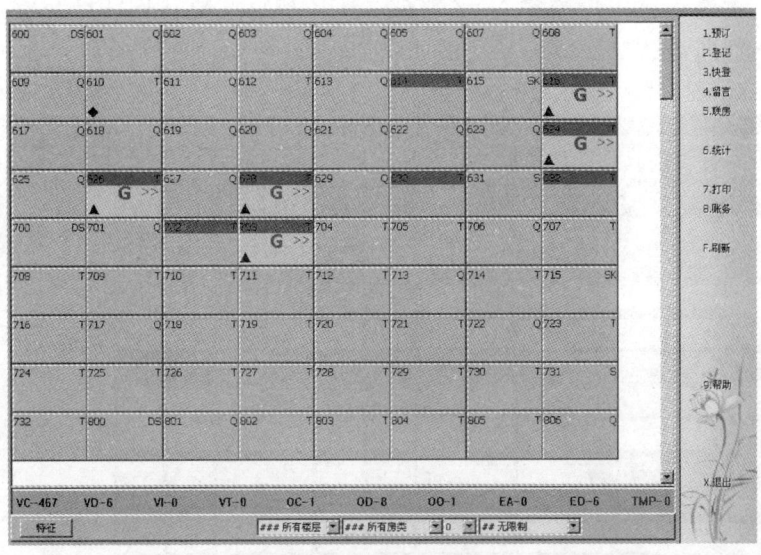

图 3-1　实时房态表 –1

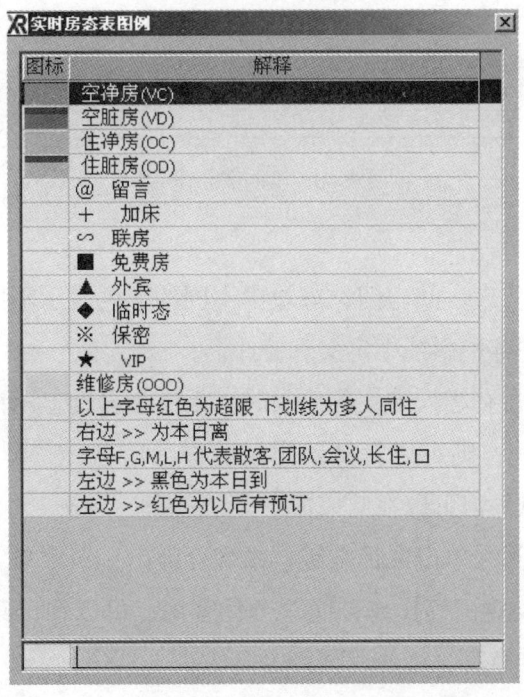

图 3-2　实时房态表图例

2. 实时房态表 –2

实时房态表 –2 也称平面房态表，特点是能全面地反映整个客房的使用情况，对操作员来说，比较直观易懂。

执行查询→实时房态表 –2，或按 F6 键，即可打开"实时房态表 –2"。

为便于说明，这里将房态表 –2 分成三个区域逐一进行说明：左中、底行、右侧，如图 3–3 所示。

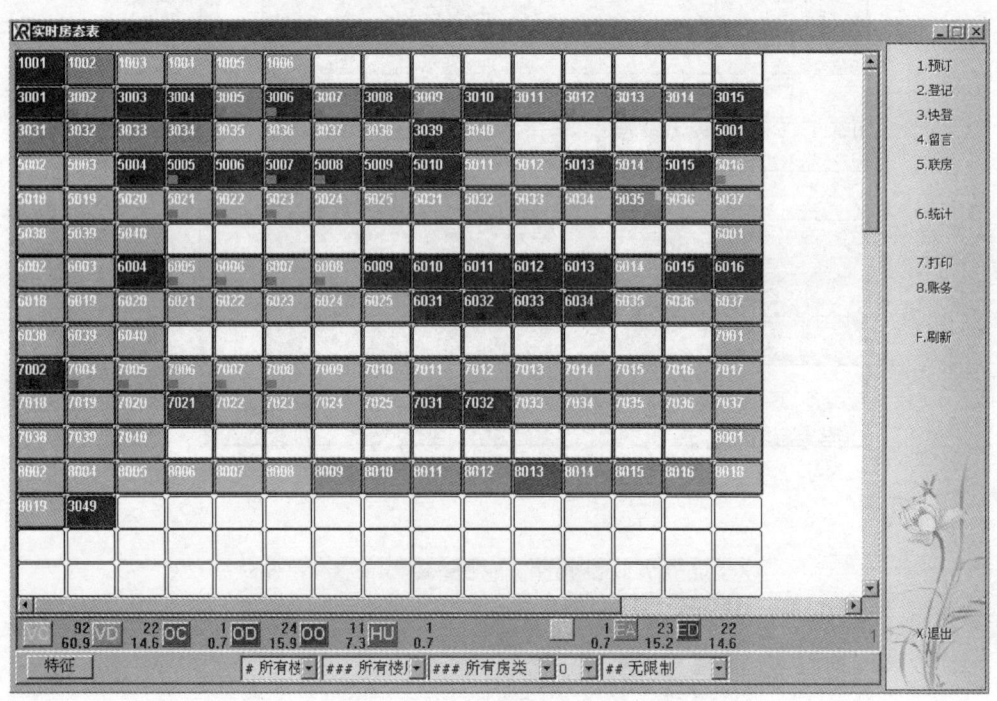

图 3–3　实时房态表 –2

（1）左中

1）每一个方块代表一间房间，方块中不同的颜色表示不同的房间状态，方块的颜色和大小可以在维护系统中定义和修改。

2）当鼠标停留在有客人入住的房间时，系统会自动显示该房间客人的简单信息。而双击某一房间，则可以打开该房间的详细信息，并可进行修改，如换房、续住及输入客人信息等都可以在此完成。

3）指向一个房间并单击鼠标右键，系统会弹出一个菜单。对于空房，可以在该菜单中完成预订、登记等操作；而对于住客房，可以在该菜单中完成为客人留言、设置联房、直接换房、续住、预订等操作。

4）房号左下角或下方不同颜色的小方块含义如下：左下角表示将到或将走

房,而下方出现小方块表示该房间为临时房态。

(2)底行

1)显示每一种房态的实际房数及占总房数的百分比,而在住房所占的百分比即为当时的实时出租率。

2)双击某一图标,可以查询该种房态的详细信息。

3)通过选择下拉列表中的楼号、楼层、房类等,可以单独显示某一幢楼,或某一种房类的房态情况。

(3)右侧

右侧设有一列功能按钮,与右键弹出菜单的功能一致。

3. 实时房态表 –3

执行查询→实时房态表 –3,或按 F8,即可打开"实时房态表 –3",如图 3-4 所示。

实时房态表 –3 按房号显示客房的使用情况。通过对下拉列表中"楼层""房类""房号""房态""日期"的选择,可以根据需要显示某一楼层、某一种房类、某时段房间的房态和使用情况。窗口中部显示的是房间状况,各种颜色和图标的含义详见帮助(单击右侧"帮助"按钮)。

图 3-4 实时房态表 –3

窗口右侧是一组功能按钮，包括"检索""修改""房号""帮助""统计""打印""退出"。

（1）单击"修改"按钮，可以打开当前房间客人主单，进行各种修改操作。

（2）单击"房号"按钮，可以打开"输入起始房号"窗口，输入起始房号，可以查看从该房号起的房间情况。

（3）单击"帮助"按钮，可以打开图示帮助窗口，如图3-5所示。

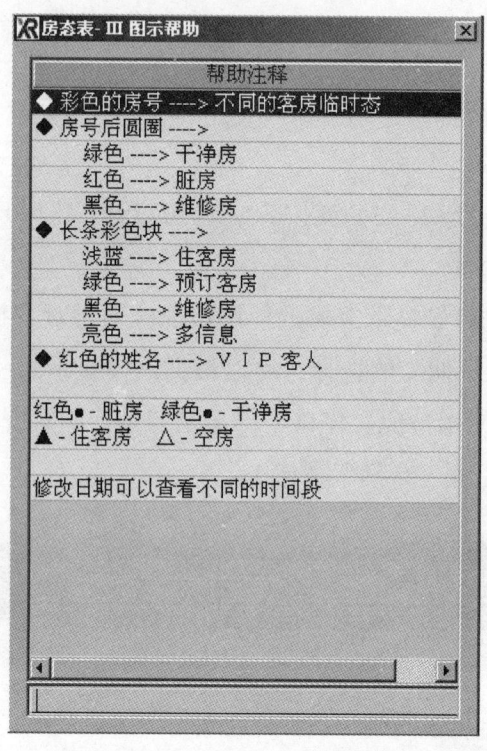

图3-5　实时房态表-3图示帮助窗口

4. 实时房态表-4

实时房态表-4用来显示酒店平面图的情况，一般根据酒店的实际情况进行设计定义。

执行"查询"→"实时房态表-4"，即可打开"实时房态表-4"窗口，如图3-6所示。

三、客房预订操作

第一步，在预订主窗口下，单击房价查询，或按【CTRL+R】组合键，打开"房价查询条件输入"窗口，如图3-7所示。

职业模块 3　　计算机使用知识

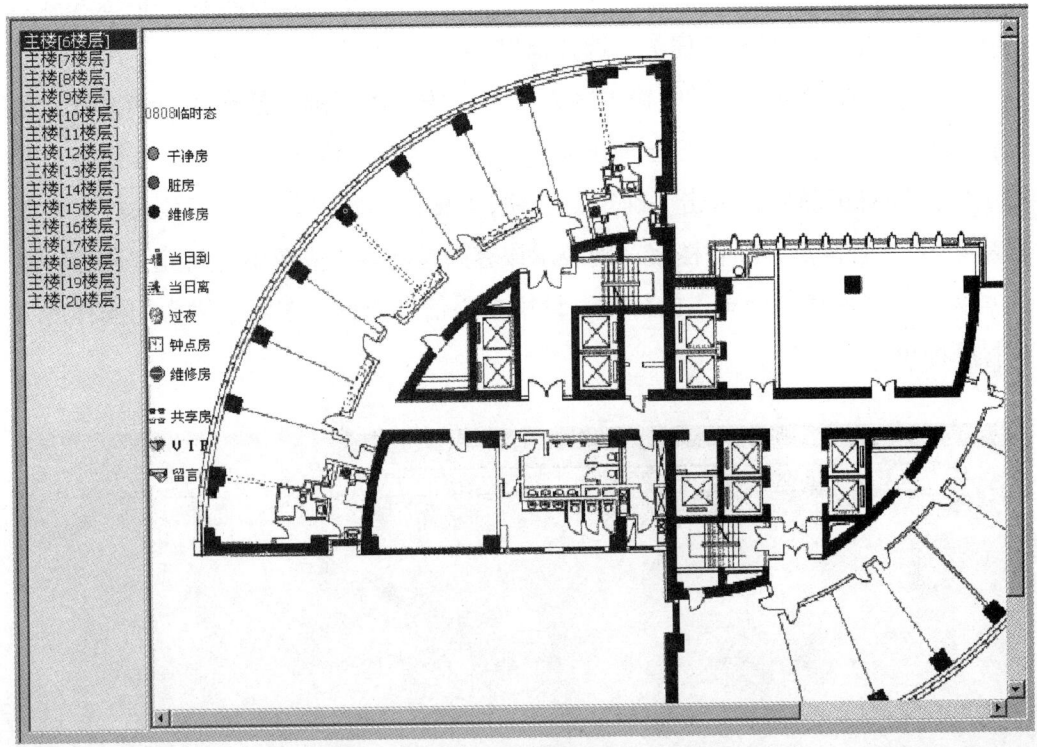

图 3-6　实时房态表 -4

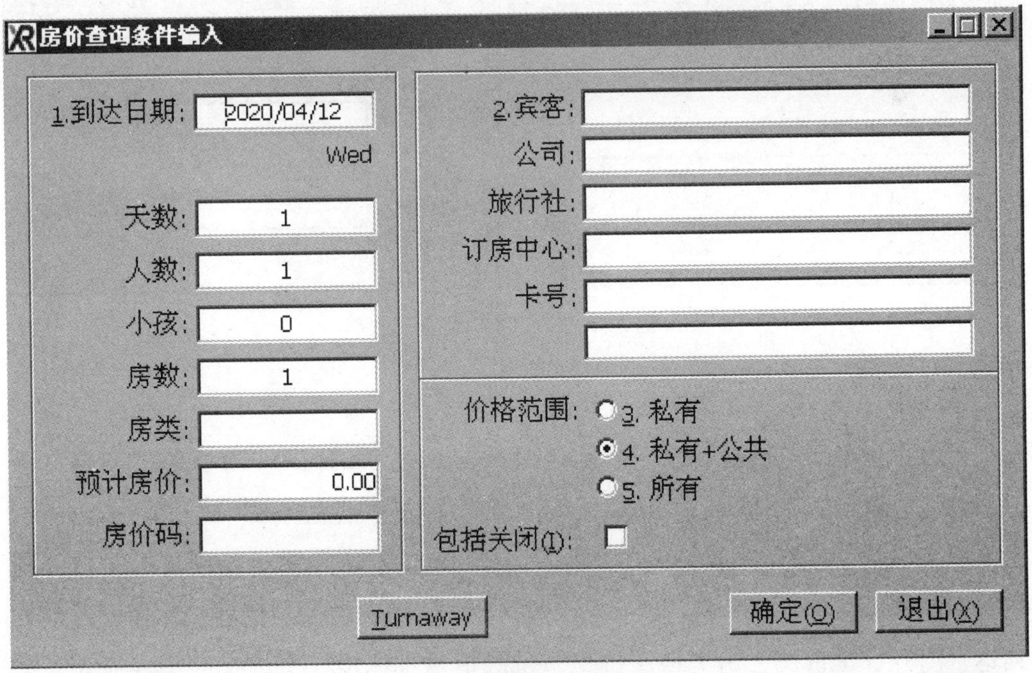

图 3-7　房价查询条件输入窗口

第二步，输入"到达日期""天数""人数"（指每间房的人数，非总人数）、"房数"等，单击 ▼ 打开"房类"选择窗口。

第三步，在"宾客"栏中输入客人姓名并按下回车键，打开客户档案查找窗口，如图3-8所示。若系统查询到客人并自动匹配，则表示该客人有档案，是回头客，核对正确后，单击"确定"按钮，"宾客"栏中即显示该客人姓名，如 宾客:高军 。若该宾客没有档案，则表示该客人是新客，应单击"新建"按钮，新建宾客档案并保存。公司、旅行社、订房中心信息，只需在对应栏中用同样的方式操作即可。

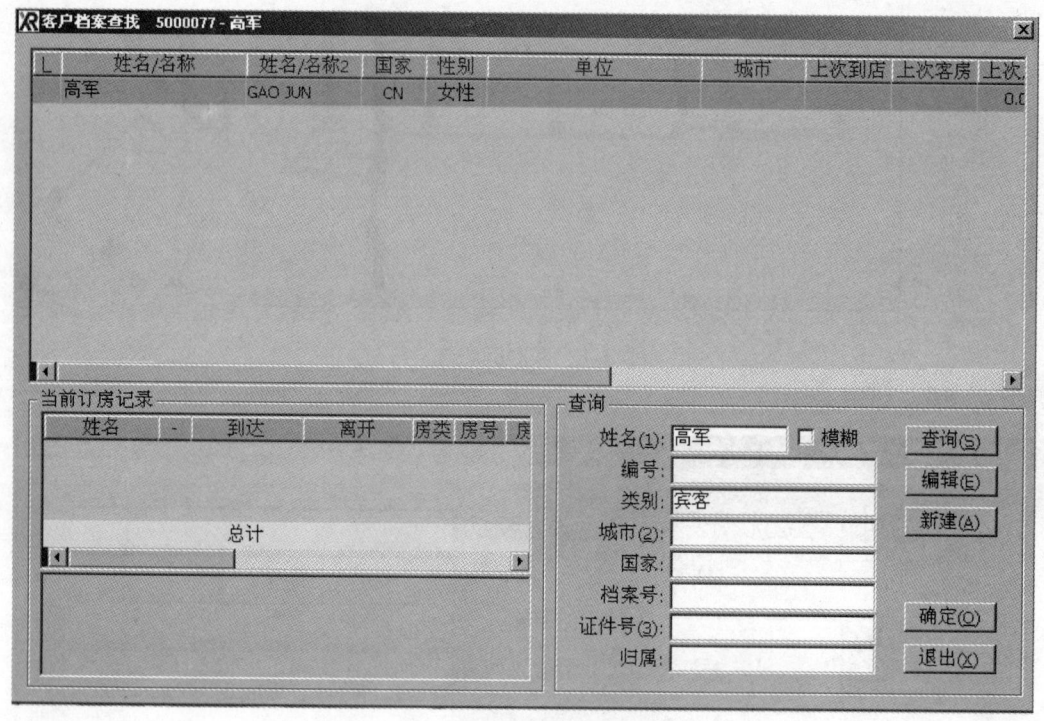

图3-8　客户档案查找窗口

第四步，条件输入完毕，窗口如图3-9所示。

第五步，单击"确定"按钮，打开如图3-10所示的窗口。单击选中价格，该价格被黑色覆盖，"房价码"处显示该房价包价等基本信息。

双击该价格或选中价格单击"预订"，打开如图3-11所示的预订单窗口，其中宾客基本信息（包括本名、姓、名、姓名2、国家、V.I.P、语种、称谓、性别）、到达、离开、房价码、房类、房价、包价等信息都已由"房价查询条件输入"窗口导入。

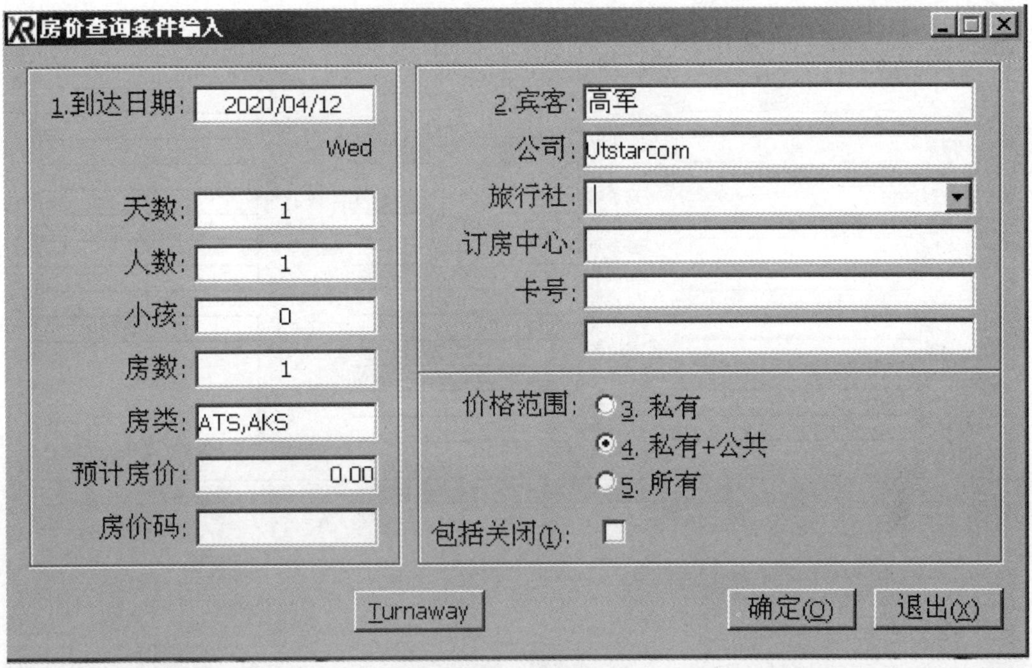

图 3-9 输入房价查询条件

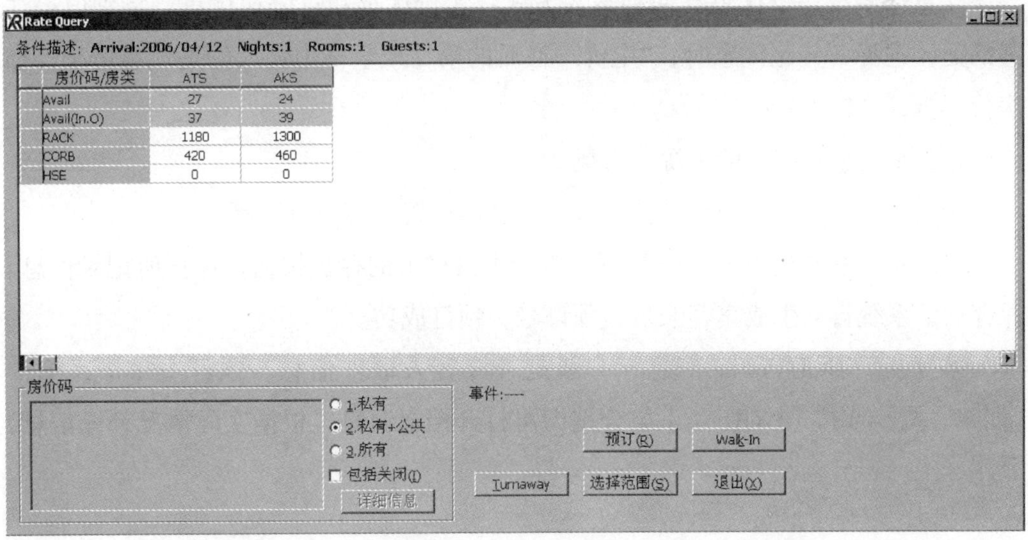

图 3-10 房价码窗口

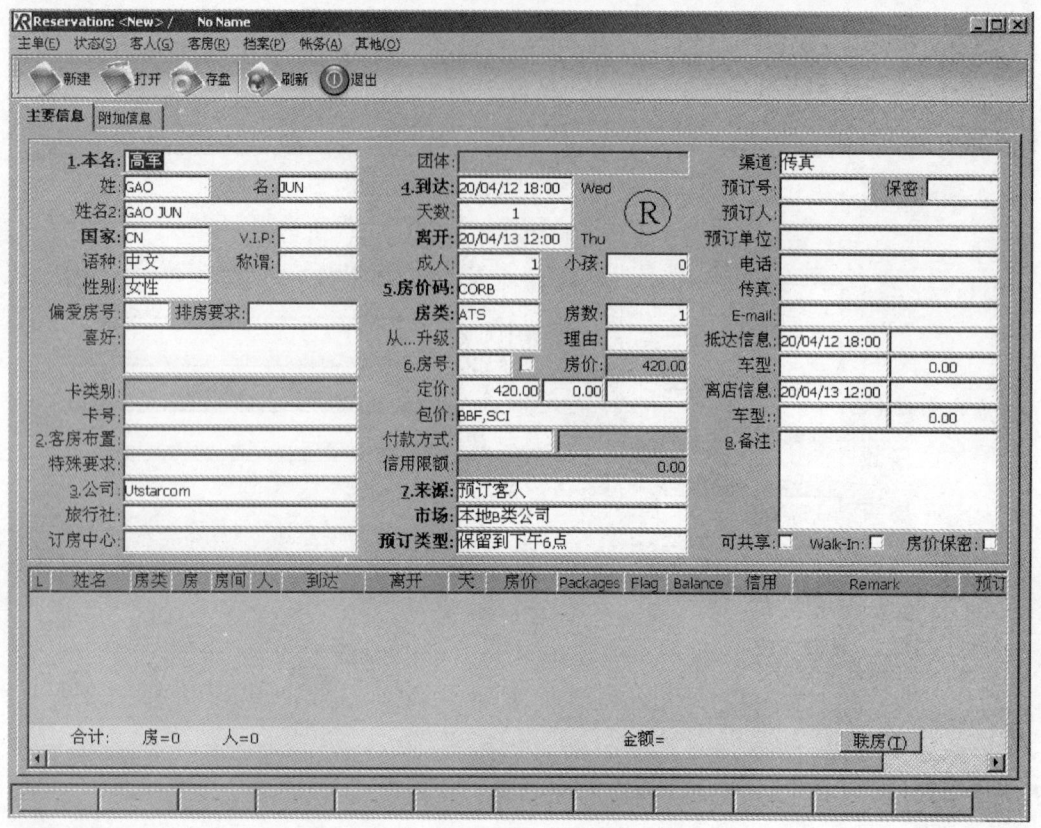

图 3-11 预订单窗口

注意：系统房价优惠有两种录入方式：实价优惠和百分比优惠。特别值得注意的是，选择百分比优惠时，"定价"栏后的第二个空格中输入的是优惠情况，如房价 8 折，则输入 0.8。

第六步，核对客人的来源、市场。

第七步，确定客人预订其他要求，如客房布置、客房特征等。

第八步，基本信息输入完整后，单击工具栏上的存盘按钮，保存所记录信息。保存后，系统自动生成宾客账号、预订号，预订成功。

第九步，补充 Profile 信息，一般是补充客人证件信息。预订主单下，单击"档案"按钮或按【CTRL+L】组合键即可打开档案窗口，根据实际情况补充信息，如图 3-12 所示。

图 3-12 预订客人档案窗口

四、入住登记操作

这里以散客的登记为例进行介绍。

1. 预订转登记

预订转登记的情况是最为常见的。

操作步骤：在宾客预订主单窗口中，执行"状态"→"入住"或按 F4 键，系统提示"确信要进行当前操作吗"（见图 3-13），选择"是"，则执行入住指令，宾客状态由 R→I。

注意：预订转登记后，系统将自动记录到店时间。

图 3-13 执行入住指令

2. 直接上门

X5 系统中，上门散客的处理集中在 Walk-in 功能中。操作步骤如下。

（1）在预订主窗口中，执行接待→直接上门或按【CTRL+W】组合键，打开计算机预订单。

（2）输入客人姓名后回车，与普通散客预订一致，系统将自动与客史档案匹配。如果该客人有客史，系统将自动匹配客史，待操作员确定后，调出客人的客史信息；如果客人在酒店没有客史，退出"档案查找"窗口后，系统将自动产生姓、名及姓名2。

（3）确定"国家""语种"。

（4）输入"到达时间"和"离开时间"。

（5）选择房"房价码""房类"，输入"房数"（如果是直接入住，则需分配房号）。

（6）确定"房价"。

（7）确定客人的"来源""市场"。

（8）确定客人的其他要求，如"客房布置"等。

预订主窗口如图3-14所示。

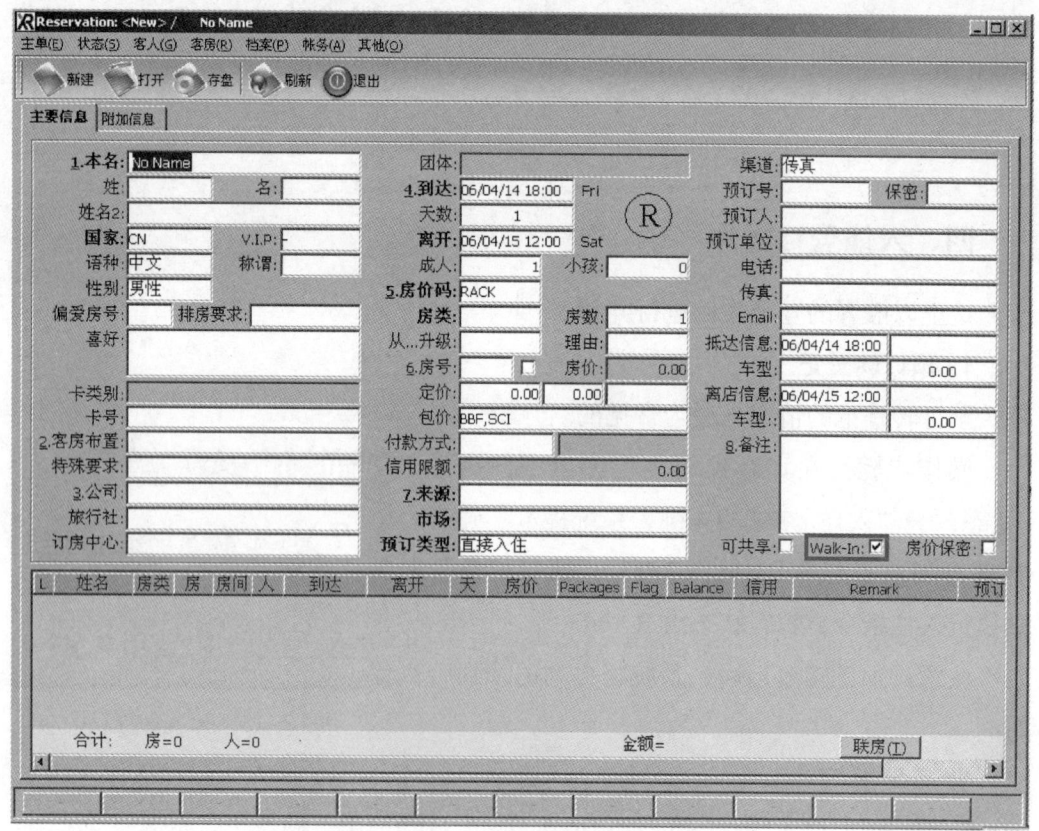

图3-14　预订主窗口

注意：Walk-in 计算机单据与普通散客预订单据的一个重要区别是，单据右下角，"Walk-in"选项 Walk-In:☑ 是自动选上的，见图 3-14 框出部分。系统通过这个参数，统计酒店的 Walk-in 数据。

（9）基本信息输入完成后，单击工具栏上的存盘按钮，弹出提示框"当前 Walk-In 宾客是否马上入住"，如图 3-15 所示。若直接入住，应单击"是"按钮，单据状态显示 I，反之则单击"否"按钮，则状态为 R。

图 3-15　入住确认提示框

五、结账退房

结账操作简要流程如下。

（1）打印账单。

（2）单击"结账"按钮。

（3）查阅弹出的结账提示信息。

（4）选择结账方式。

（5）结账收款。

下面按客人结账时的不同付款方式进行说明。

1. 人民币现金结账

（1）在账务主单窗口中，单击"结账"按钮，即弹出"结账提示"窗口，如图 3-16 所示。

查阅完毕后，单击"退出"按钮，可能出现以下几种情况。

1）若离日为本日，结账时间早于酒店规定的加收半天房费之前，则直接弹出"结账"窗口，如图 3-17 所示。

2）若离日为本日，结账时间迟于酒店规定时间的加收半天房费，则弹出半天房费加收窗口，选择是否加收后方可结账，如图 3-18 所示。

3）若离日为本日以后，则弹出"选择结账方式"窗口，如图 3-19 所示。

（2）选择房费加收情况，单击"确定"按钮，进入结账窗口。

（3）一般系统默认现金结账，但若客人入住时押过卡，系统的默认付款方式即为信用卡结账。查看结账款金额，收款后，单击"入账"按钮，如图 3-20 所示。

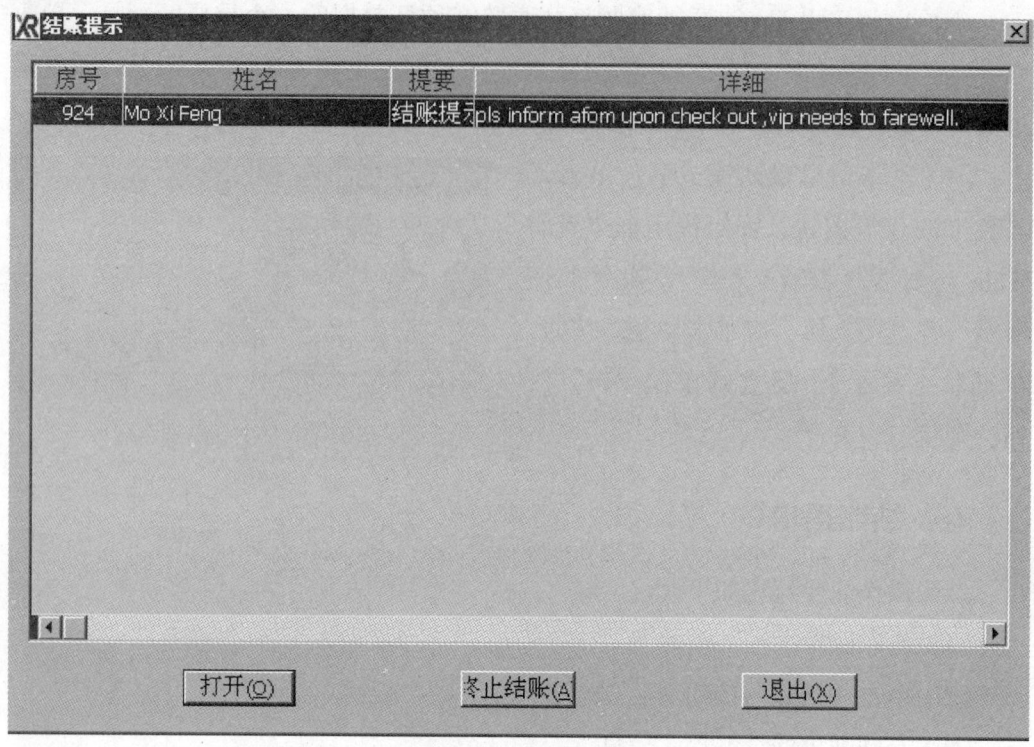

图 3-16 结账提示窗口

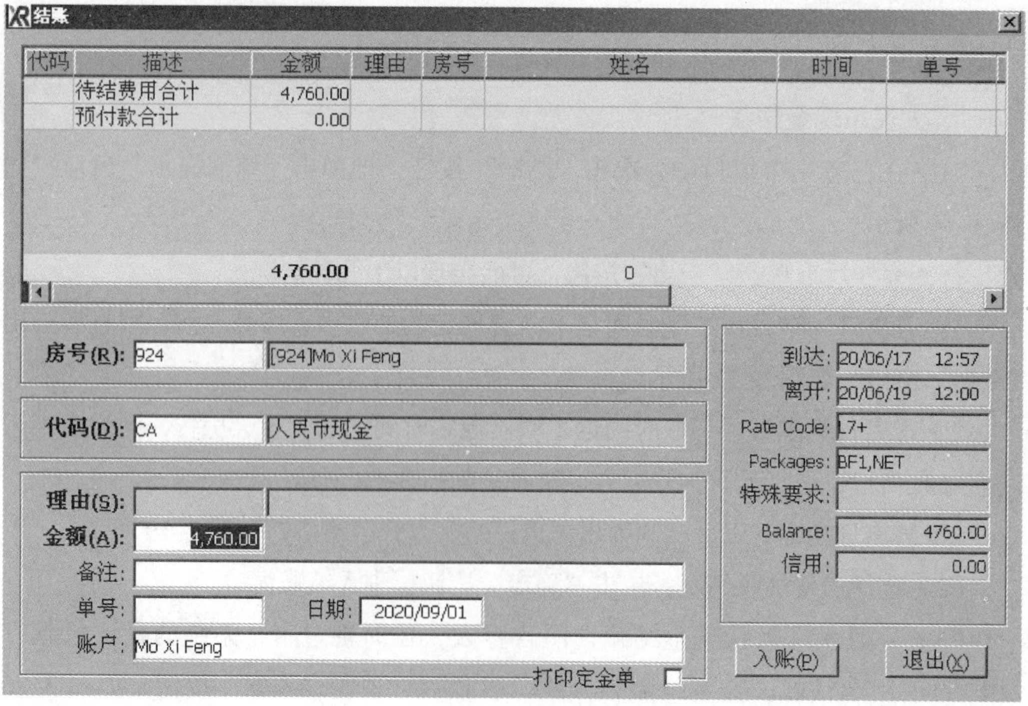

图 3-17 结账窗口

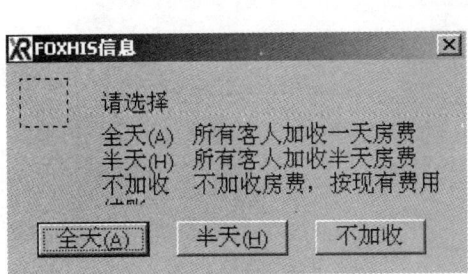

图 3-18　加收房费窗口

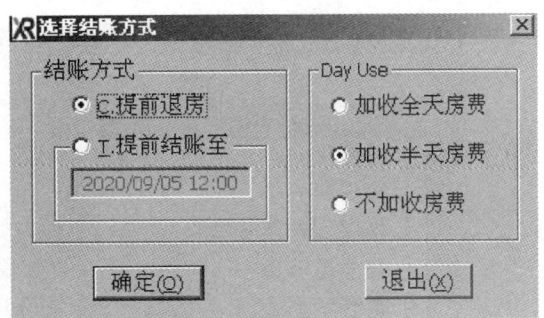

图 3-19　选择结账方式窗口

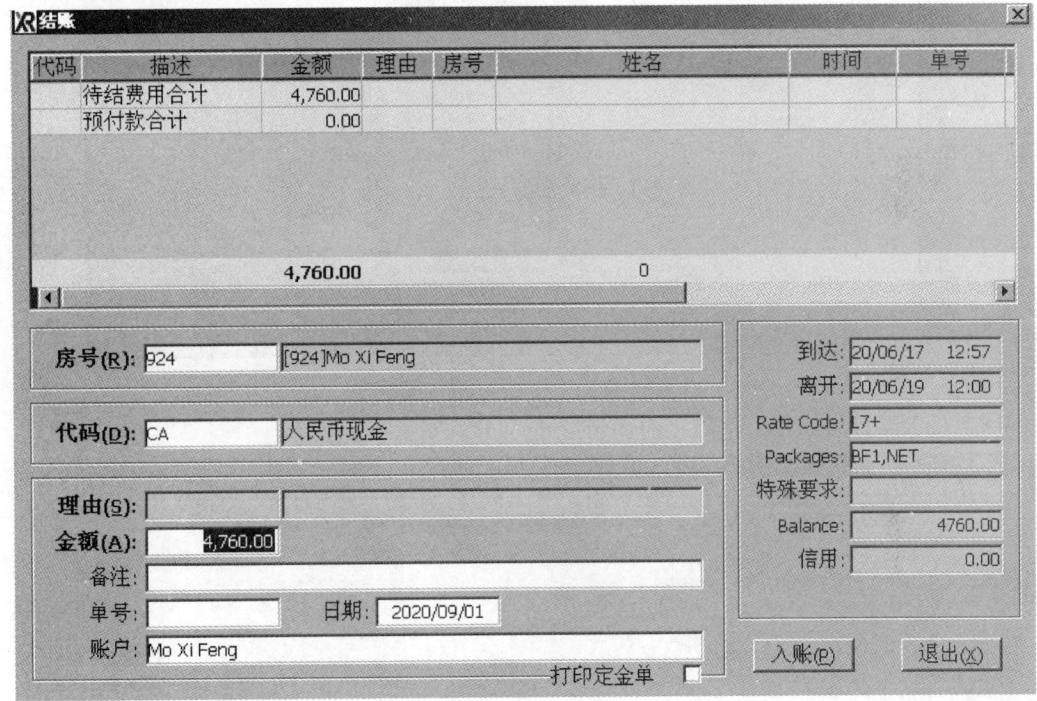

图 3-20　入账

（4）弹出"账单打印选择"窗口，选择是否打印账单，如图 3-21 所示。

2. 信用卡结账

信用卡结账的大部分步骤同现金结账，主要区别在"结账"窗口的处理上。

若客人已押卡，结账时"结账"窗口默认用卡结账；若临时用卡结账，请在"代码"处输入付款方式代码，"金额"处系统自动显示结账款金额，输入卡号，选择"刷卡行"，单击"入账"后弹出账单，后续处理同现金结账，不再赘述，如图 3-22 所示。

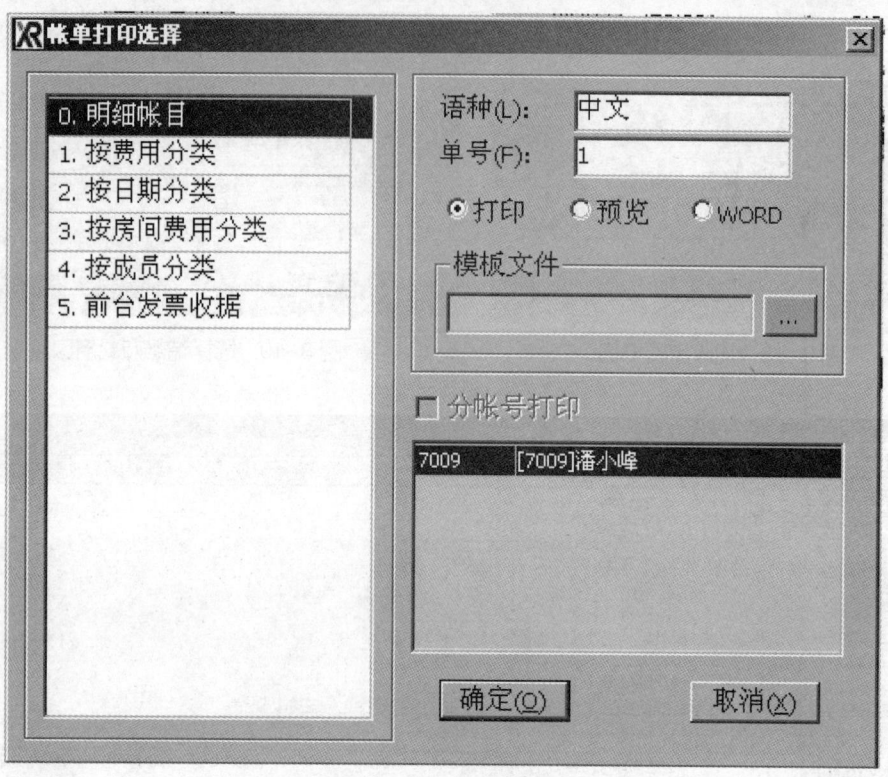

图 3-21 账单打印选择窗口

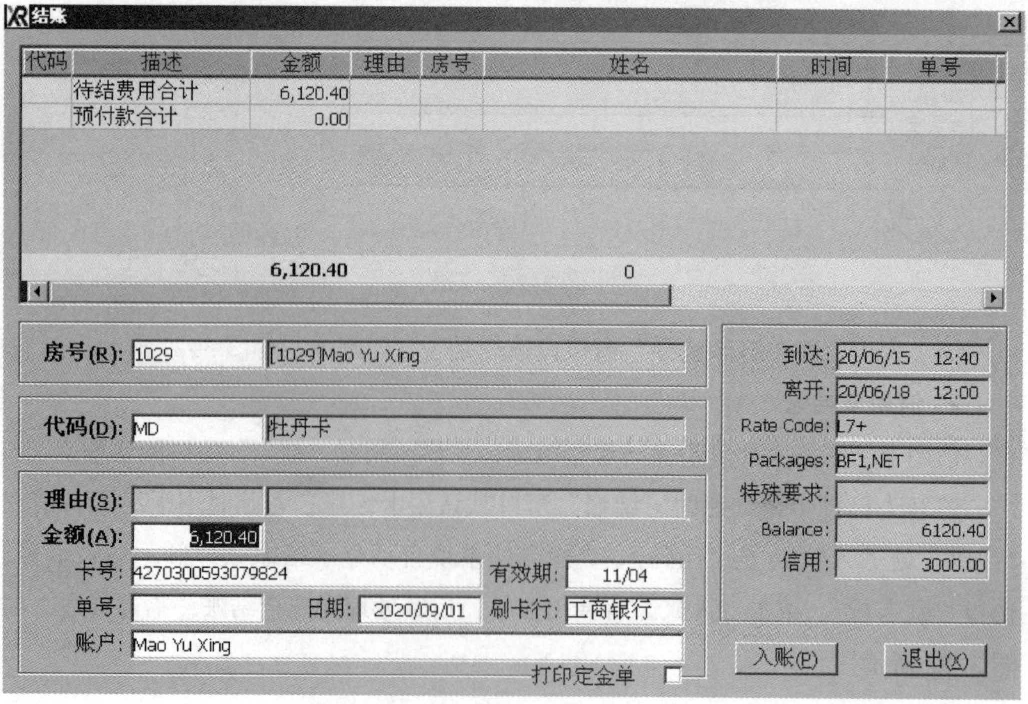

图 3-22 信用卡结账

六、客史管理

档案是酒店关于客人、公司、旅行社、订房中心、团队的信息汇总,包括基本信息、住店历史、当前预订、房价折扣等。

1. 客户档案主窗口

在主窗口中按下【CTRL+L】组合键,即可打开"客户档案列表"窗口,如图3-23 所示。档案分成五大类:宾客、团体会议、公司、旅行社、订房中心。

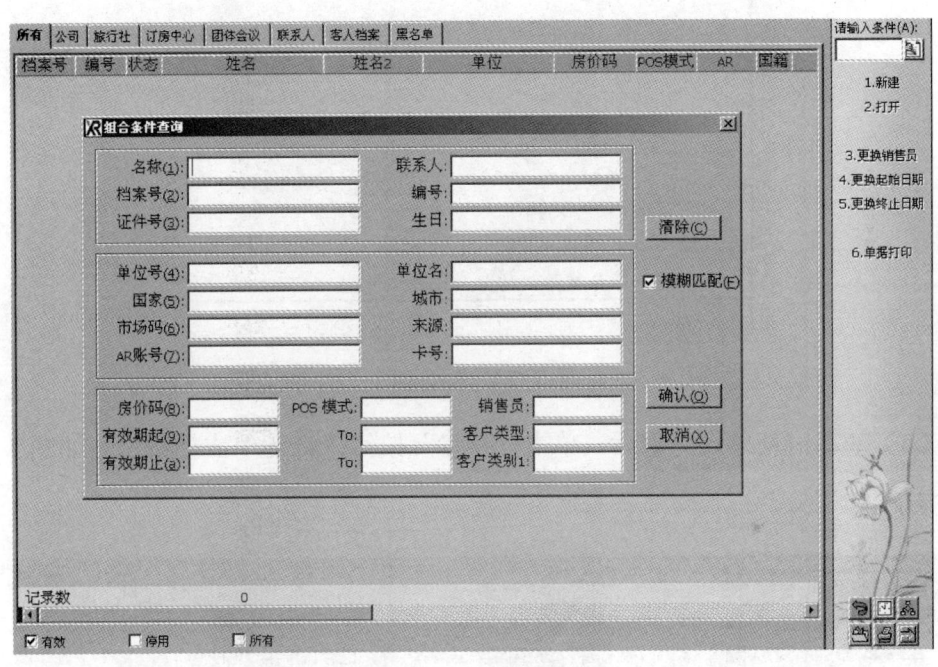

图 3-23 客户档案列表窗口

在"组合条件查询"窗口输入查询条件,单击"确认"按钮,即显示查询结果,双击某查询结果可打开。

查询常用条件有:名称、单位名、销售员等。

2. 新建宾客档案

(1)退出"组合条件查询"窗口,回到"客户档案列表"窗口。

(2)单击右侧"1.新建",打开档案类型选择窗口,单击"宾客"按钮,打开档案主单。

(3)输入客人本名,按 Tab 键或回车,系统自动显示姓、名、姓名 2。

(4)按 Tab 键、回车或者鼠标移动光标至下一项目,输入信息或从帮助菜单(下拉菜单或帮助窗口)中选择相关信息,如图 3-24 所示。

图 3-24　帮助窗口

（5）基本信息录入完整后，单击"存盘"按钮，自动生成档案号，如图 3-25 所示。

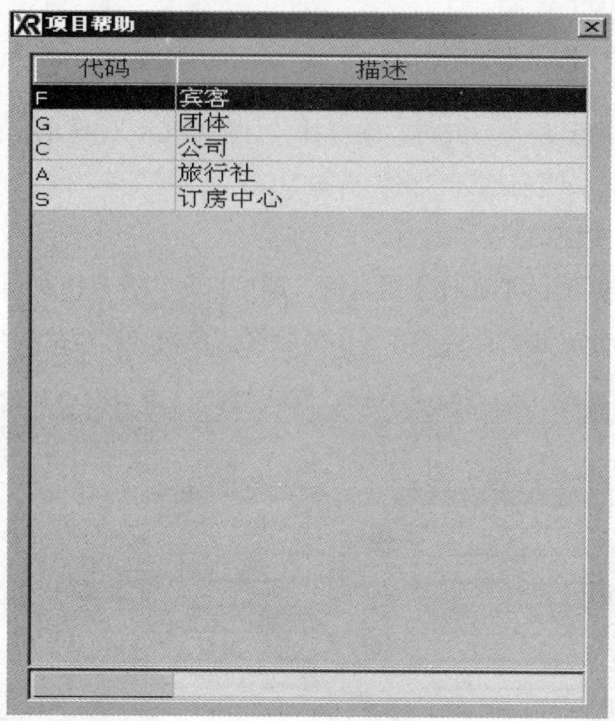

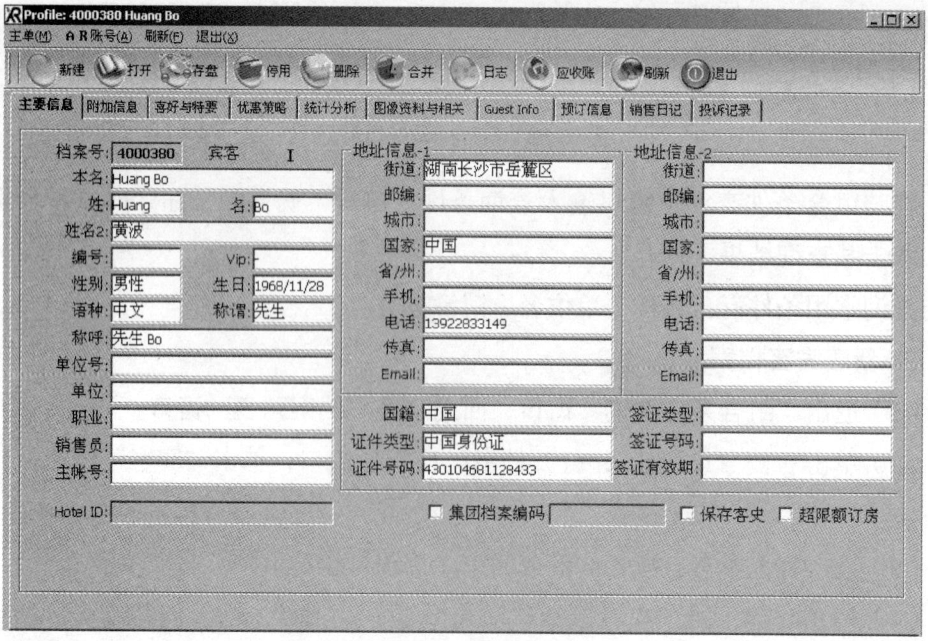

图 3-25　客人主要信息及档案号

注意：

（1）姓名必须正确输入（外国人的名字请注意大小写）才能保证客户档案的正确匹配和相关单据（如账单、登记单）的正确显示。

（2）新建档案时，输入"本名"后按下回车键，"姓名2""姓""名"将自动显示为中文名对应的拼音，如果是英文就不变。

档案信息如下。

1）主要信息——客人主要信息，如图3-25所示。

2）附加信息——客人附加信息，如图3-26所示。

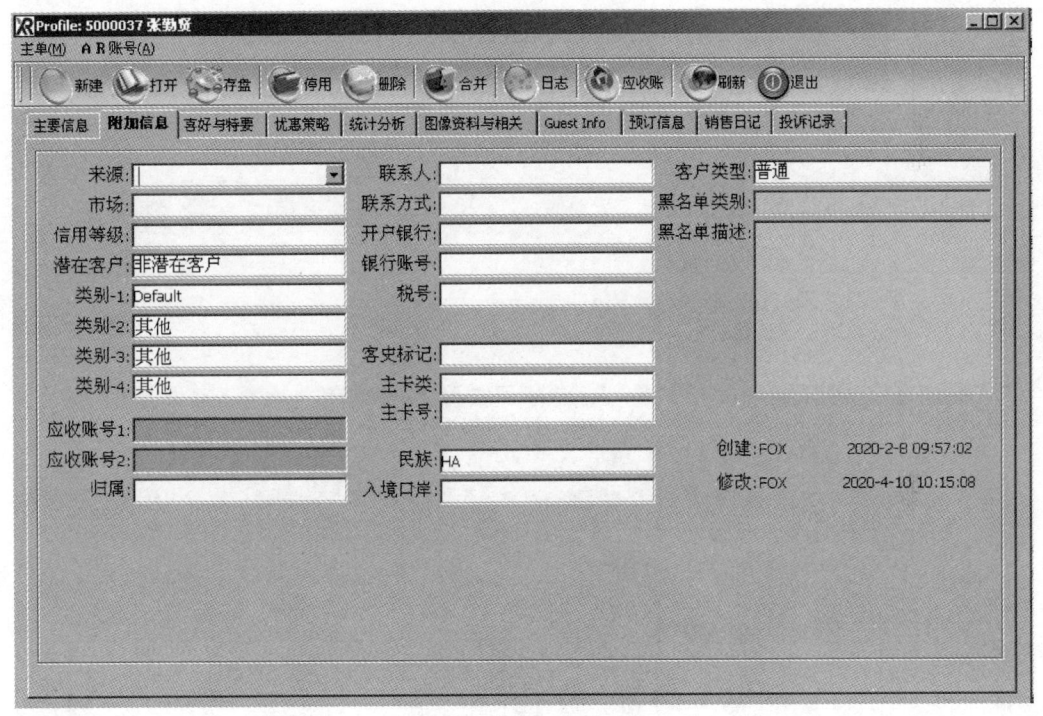

图3-26 客人附加信息

3）喜好与特要。即客人的特殊要求和喜好，其中排房要求直接与预订挂钩，如图3-27所示。

4）优惠策略。即房价、餐饮等消费优惠，一般由销售部建立、维护，由预订员、接待员查询使用，如图3-28所示。

5）统计分析。即客人历史消费统计，如图3-29所示。

6）图像资料与相关。即联系人、签单人、负责人的签名、照片等资料，如图3-30所示。

图 3-27 客人喜好与特要

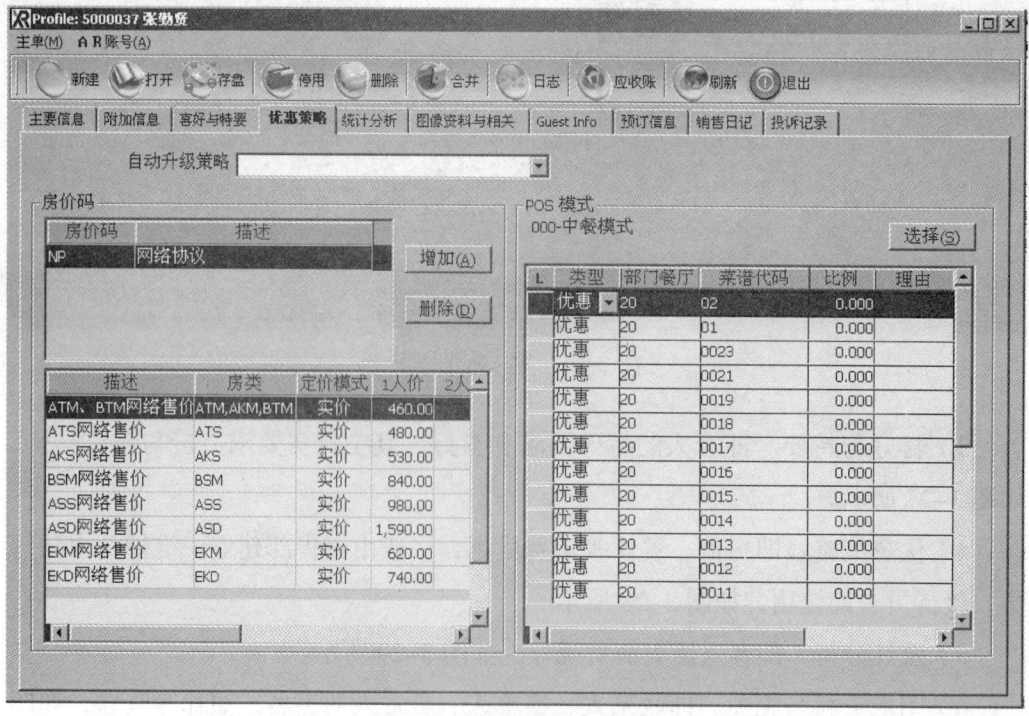

图 3-28 客人消费优惠策略

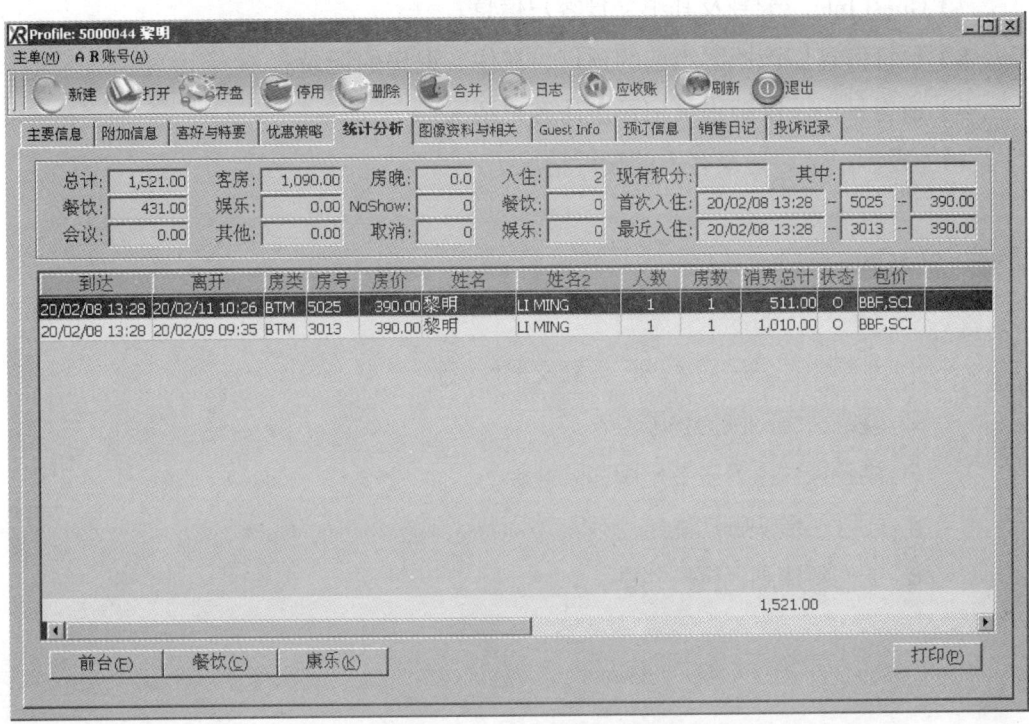

图 3-29 客人历史消费统计

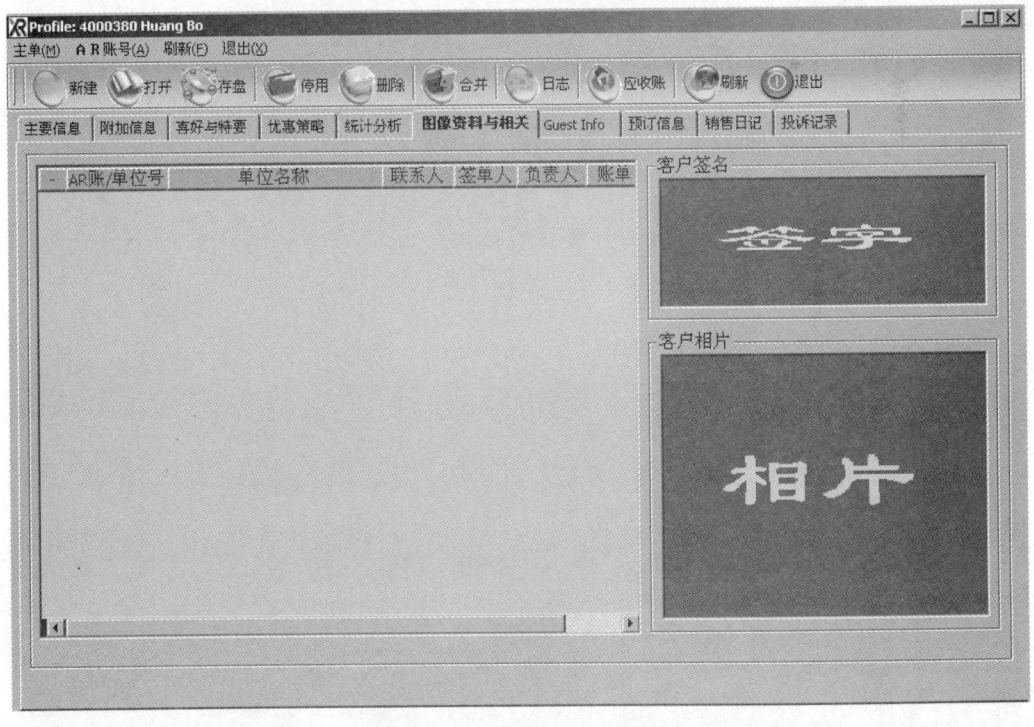

图 3-30 图像资料与相关

7）Guest Info。卡号及其纪念日客户信息。

8）预订信息。该档案当前的预订、在住、退房的记录。

9）销售日记。供销售员记录走访客户情况。

10）投诉记录。记录客人的投诉情况。

思考题

1. 计算机在酒店应用的广泛意义是什么？
2. 网络订房的优势有哪些？
3. 酒店管理系统主要品牌有哪些？
4. 前厅各模块的功能是什么？
5. 如何新建酒店客户档案。

职业模块 4　安全服务知识

培训课程1　消防常识

培训课程2　公共场所卫生常识

培训课程3　安全知识

培训课程4　突发事件应急处理

培训课程 1

消防常识

一、火灾的定义及分类

1. 火灾的定义

火灾是指在时间或空间上失去控制的燃烧所造成的灾害。新的标准中，将火灾定义为在时间或空间上失去控制的燃烧。在各种灾害中，火灾是最经常、最普遍地威胁公众安全和社会发展的主要灾害之一。

2. 火灾的类型

火灾根据可燃物的类型和燃烧特性，分为A、B、C、D、E、F六大类。

A类火灾：指固体物质火灾。这种物质通常具有有机物质性质，一般在燃烧时能产生灼热的余烬，如木材、干草、煤炭、棉、毛、麻、纸张、塑料（燃烧后有灰烬）等火灾。

B类火灾：指液体或可熔化的固体物质火灾，如煤油、柴油、原油、甲醇、乙醇、沥青、石蜡等火灾。

C类火灾：指气体火灾，如煤气、天然气、甲烷、乙烷、丙烷、氢气等火灾。

D类火灾：指金属火灾，如钾、钠、镁、钛、锆、锂、铝镁合金等火灾。

E类火灾：指带电火灾，为物体带电燃烧的火灾。

F类火灾：指烹饪器具内的烹饪物（如动植物油脂）火灾。

3. 火灾的等级划分

根据2007年6月26日公安部下发的《关于调整火灾等级标准的通知》，新的火灾等级标准由原来的特大火灾、重大火灾、一般火灾三个等级调整为特别重大火灾、重大火灾、较大火灾和一般火灾四个等级（以下内容中的："以上"包括本数，"以下"不包括本数。）。

（1）特别重大火灾：指造成30人以上死亡，或者100人以上重伤，或者1亿元以上直接财产损失的火灾。

（2）重大火灾：指造成 10 人以上 30 人以下死亡，或者 50 人以上 100 人以下重伤，或者 5 000 万元以上 1 亿元以下直接财产损失的火灾。

（3）较大火灾：指造成 3 人以上 10 人以下死亡，或者 10 人以上 50 人以下重伤，或者 1 000 万元以上 5 000 万元以下直接财产损失的火灾。

（4）一般火灾：指造成 3 人以下死亡，或者 10 人以下重伤，或者 1 000 万元以下直接财产损失的火灾。

二、火灾的扑救

1. 火灾扑救原则

扑救 A 类火灾可选择水型灭火器、泡沫灭火器、磷酸铵盐干粉灭火器，卤代烷灭火器。

扑救 B 类火灾可选择泡沫灭火器（化学泡沫灭火器只限于扑灭非极性溶剂）、干粉灭火器、卤代烷灭火器、二氧化碳灭火器。

扑救 C 类火灾可选用干粉灭火器、水型灭火器、七氟丙烷灭火器。

扑救 D 类火灾可选择粉状石墨灭火器、专用干粉灭火器，也可用干砂或铸铁屑末代替。

扑救 E 类火灾可选择干粉灭火器、卤代烷灭火器、二氧化碳灭火器等。带电火灾包括家用电器、电子元件、电气设备（计算机、复印机、打印机、传真机、发电机、电动机、变压器等）以及电线电缆等燃烧时仍带电的火灾，而顶挂、壁挂的日常照明灯具及起火后可自行切断电源的设备所发生的火灾则不应列入带电火灾范围。

扑救 F 类火灾可选择便携式食用油专用灭火器或者厨房设备灭火装置系统。

2. 火灾灭火工具

灭火器的种类很多，按其移动方式可分为手提式和推车式，按驱动灭火剂的动力来源可分为储气瓶式、储压式、化学反应式，按所充装的灭火剂则又可分为泡沫、干粉、卤代烷、二氧化碳、酸碱、清水等。下面介绍几种常用的灭火器。

（1）泡沫灭火器

适用于扑救一般 B 类火灾，如油制品、油脂等火灾，也可适用于 A 类火灾，但不能扑救 B 类火灾中的水溶性可燃、易燃液体的火灾，如醇、酯、醚、酮等物质火灾，也不能扑救带电设备及 C 类和 D 类火灾。

（2）酸碱灭火器

适用于扑救 A 类物质燃烧的初起火灾，如木、织物、纸张等燃烧的火灾。它不能用于扑救 B 类物质燃烧的火灾，也不能用于扑救 C 类可燃性气体或 D 类轻金属火灾，同时也不能用于带电物体火灾的扑救。

（3）二氧化碳灭火器

适用于扑救易燃液体及气体的初起火灾，也可扑救带电设备的火灾；常应用于实验室、计算机房、变配电所，以及对精密电子仪器、贵重设备或物品维护要求较高的场所。

（4）干粉灭火器

碳酸氢钠干粉灭火器适用于易燃、可燃液体、气体及带电设备的初起火灾；磷酸铵盐干粉灭火器除可用于上述几类火灾外，还可扑救固体类物质的初起火灾，但都不能扑救金属燃烧火灾。

三、防火的基本措施

1. 控制可燃物体

（1）控制可燃物体、可燃物品的存储量。

（2）定期对可燃物品喷防火涂料，提高耐火极限。

2. 破坏燃烧的助燃条件

（1）关闭防火门窗，切断空气对流。

（2）用沙土覆盖可燃油液。

3. 消除着火源

（1）在有着火的危险场所禁止吸烟。

（2）防止电路短路。

（3）设备接地防止静电。

（4）安装避雷器，防止雷击起火。

四、前厅部防火的措施

1. 要配备足够的烟灰缸

酒店前厅客流量大，进出人员较为复杂。前厅服务员要注意来往客人，尤其注意吸烟客人，要防止客人乱扔烟头。在前厅的适当位置，特别是电梯厅和客人休息沙发座位旁配备足够的烟灰缸，并及时清理烟蒂、纸屑等残存物。烟灰缸内烟头、烟灰要单独湿灭倒掉。

2. 注意观察

前厅服务员在接待服务过程中要随时留意并及时制止客人将易燃易爆物品、枪支弹药及其他危险物品带入酒店，如果发现情况要及时向保卫部门报告。前厅服务员要勤观察，发现问题及时制止、报告。

3. 注意电器设备的安装维护

前厅需安装电器设备或更新维护设备时，必须经过主管部门、工程技术部门和保卫部门共同检查审议，审议同意后才可安装使用或更新、维护。前厅服务员不得私自安装、动用电器设备。

4. 加强日常巡视

前厅服务员每天、每个班次都要检查所使用的各种设备状况，发现隐患要立即向本部门、设备保养维修部门和保卫部门报告，积极采取措施，予以修理、更换或更新。下班前要仔细检查餐厅内是否有未熄灭的烟头及火种。应爱护消防器材并掌握消防器材的使用方法。

五、灭火的基本方法

1. 隔离法

隔离法即将正在燃烧的物质与未燃烧的物质隔离，使火源独立。如将火源附近的可燃物品和助燃物搬走，关闭可燃气体等。

2. 窒息法

窒息法即隔离空气，使可燃物无法获得氧气而停止燃烧。如用棉被浇水盖住燃烧物。

3. 冷却法

冷却法即降低着火物质的温度，使其温度降低至燃点以下而停止燃烧。如用水喷洒火源附近的物质。

4. 抵制法

抵制法是一种常用的灭火措施，指向燃烧物质喷射灭火剂，从而中断燃烧。

六、报火警的方法和内容

《中华人民共和国消防法》第四十四条明确规定：任何人发现火灾都应当立即报警。任何单位、个人都应当无偿为报警提供便利，不得阻拦报警。严禁谎报火警。所以一旦失火，要立即报警，报警越早，损失越小。报警时要牢记以下7点。

（1）要牢记火警电话"119"，消防队救火不收费。

（2）接通电话后要沉着冷静，向接警中心讲清失火单位的名称、地址、燃烧物质、火势大小以及着火的范围。同时还要注意听清接警员提出的问题，以便正确回答。

（3）把自己的电话号码和姓名告诉接警员，以便联系。

（4）打完电话后，要立即到门外等候消防车的到来，以便引导消防车迅速赶到火灾现场。

（5）迅速组织人员疏通消防车道，清除障碍物，使消防车到火场后能立即进入最佳位置灭火救援。

（6）如果着火地区发生了新的变化，要及时报告消防队，使他们能及时改变灭火战术，取得最佳效果。

（7）在没有电话或没有消防队的地方，如农村和边远地区，可采用敲锣、吹哨、喊话等方式向四周报警，动员乡邻来灭火。

七、发生火警如何疏散

前厅部接到火警通知后，各岗位人员应坚守岗位待命。接到疏散指令以后，前厅部各部门要做好以下工作。

1. 电话总机

电话总机负责酒店内外一切通信联络。

（1）一旦确定酒店发生火灾，总机话务员视对应时间段要立即通知酒店以下人员。

1）白天（8：00—17：30）。通知工程安全总监、着火区域所属部门经理、总经理、工程部经理、客房部经理、餐饮部经理、大堂副理、其他有关部门人员。

2）夜晚（17：30—次日8：00）。通知安全值班负责人、大堂副理、着火区域所属部门经理、值班总经理、工程部值班负责人、客房部值班负责人。

（2）总机话务员必须坚守岗位，保证电话线路的畅通，随时准备同当地消防队取得联系。

（3）在酒店消防委员会做出决定通知当地消防队时，要迅速、准确无误地把情况通知消防队。在酒店消防委员会做出决定撤离建筑时，要把撤离通知传达到每个部门。

（4）对于任何内、外部无关人员的询问，一律不得透露火灾的情况，对于住店客人的询问，可以回答："我们正在查明情况，一有消息会立即通知您。"

2. 总台

（1）迅速打印住客房房号，协助维护酒店大堂秩序，控制酒店大门，将客人名单交给前厅经理，将每层的住房状况交给客房部。

（2）当值的接待员应将所有客人的资料打印一份，应立即将所有的客人登记卡取出，连同资料亲自送到疏散集合地点。

（3）若客人正在结账时收到疏散命令，应立即通知客人到集合地点并停止结账，在紧急时万不可待客人办理离店手续再让客人离店。

（4）将所有现金信用卡、支票、重要文件等贵重物品放入保险箱上锁，并锁好物品室后将钥匙保管好。

（5）如果在安全情况下，要关闭所有门、窗、电源，然后前往酒店疏散地区。

（6）指派总台服务员为残疾人士提供相应的帮助，并及时疏散。

（7）带领客人前往紧急疏散出口，在酒店疏散地集合。

3. 行李部

（1）确保大堂和公共区域的疏散路线畅通，确保行李房已关闭并且无人在房间里。

（2）指引客人前往紧急出口，然后前往酒店疏散地。

（3）确保所有的门开着，锁上所有的抽屉，然后保管好钥匙。

（4）万一通信系统失灵，行李员就要充当信息传递员。

（5）听从统一指示与指令。

4. 大堂副理

（1）协助酒店的灭火行动，随时与火警现场的保安人员保持联系，组织疏散队帮助客人疏散。疏散队负责带领客人离开房间，然后通过最近的安全出口撤离，撤离时不能使用电梯。

（2）负责组织人员将已疏散的客人引导到安全地点，并一定要保存全酒店的住客名单及上岗员工名单。安全地点的选择应首先考虑临近的酒店。由前厅部负责核对客人名单，安抚客人情绪，稳定现场秩序。

（3）专业消防队到场后，主动介绍火灾情况并根据其要求协助做好疏散和扑救工作。

（4）火灾扑灭后，大堂副理与消防中心人员应检查现场和准备报告。

八、注意事项

1. 前厅服务员一旦发现火情，要立即向酒店消防中心报火警。

2. 前厅服务员要坚守岗位，随时答复客人问询，安抚客人，稳定客人情绪。

3. 靠近电梯的前厅服务员应及时控制电梯，将自动电梯落下，并告诫客人不要乘坐电梯，不要回房间取物品。

4. 总台员工应将现金、客账、账本等重要财务资料妥善安置、安排专人保管，随时准备疏散转移。

5. 行李服务人员要将客人寄存物品迅速转移到安全地带，并派人严密看守。

6. 酒店门童应迅速将所有通向外面的出口打开，协助保卫部门人员组织客人向外疏散，并阻止无关人员进入大厅。

培训课程 2 公共场所卫生常识

一、公共场所的概念与特点

公共场所是供公众从事社会生活的各种场所的总称。其具有以下的特点：人员集中、流动性大、涉及面广，设备和物品容易污染，从业人员自身素质参差不齐，影响健康的致病因素传播快等。

二、《公共场所卫生管理条例》摘录

1. 卫生管理

（1）公共场所的主管部门应当建立卫生管理制度，配备专职或者兼职卫生管理人员，对所属经营单位（包括个体经营者，下同）的卫生状况进行经常性检查，并提供必要的条件。

（2）经营单位应当负责所经营的公共场所的卫生管理，建立卫生责任制度，对本单位的从业人员进行卫生知识的培训和考核工作。

（3）公共场所直接为顾客服务的人员，持有"健康合格证"方能从事本职工作。患有痢疾、伤寒、病毒性肝炎、活动期肺结核、化脓性或者渗出性皮肤病以及其他有碍公共卫生的疾病的，治愈前不得从事直接为顾客服务的工作。

（4）除公园、体育场（馆）、公共交通工具外的公共场所，经营单位应当及时向卫生行政部门申请办理"卫生许可证"。"卫生许可证"两年复核一次。

（5）公共场所因不符合卫生标准和要求造成危害健康事故的，经营单位应妥善处理，并及时报告卫生防疫机构。

2. 卫生监督

（1）各级卫生防疫机构，负责管辖范围内的公共场所卫生监督工作。民航、铁路、交通、厂（场）矿卫生防疫机构对管辖范围内的公共场所，施行卫生监督，

并接受当地卫生防疫机构的业务指导。

（2）卫生防疫机构根据需要设立公共场所卫生监督员，执行卫生防疫机构交给的任务。公共场所卫生监督员由同级人民政府发给证书；民航、铁路、交通、工矿企业卫生防疫机构的公共场所卫生监督员，由其上级主管部门颁发证书。

（3）卫生防疫机构对公共场所的卫生监督职责。

1）对公共场所进行卫生监测和卫生技术指导。

2）监督从业人员健康检查，指导有关部门对从业人员进行卫生知识的教育和培训。

（4）卫生监督员有权对公共场所进行现场检查，索取有关资料，经营单位不得拒绝或隐瞒，卫生监督员对所提供的技术资料有保密的责任。

公共场所卫生监督员在执行任务时，应佩戴证章、出示证件。

3. 罚则

（1）凡有下列行为之一的单位或者个人，卫生防疫机构可以根据情节轻重，给予警告、罚款、停业整顿、吊销"卫生许可证"的行政处罚：

1）卫生质量不符合国家卫生标准和要求，而继续营业的；

2）未获得"健康合格证"，而从事直接为顾客服务的；

3）拒绝卫生监督的；

4）未取得"卫生许可证"，擅自营业的。

罚款一律上交国库。

（2）违反本条例的规定造成严重危害公民健康的事故或中毒事故的单位或者个人，应当对受害人赔偿损失。

违反本条例致人残疾或者死亡，构成犯罪的，应由司法机关依法追究直接责任人员的刑事责任。

（3）对罚款、停业整顿及吊销"卫生许可证"的行政处罚不服的，在接到处罚通知之日起十五天内，可以向当地人民法院起诉。但对公共场所卫生质量控制的决定应立即执行。对处罚的决定不履行又逾期不起诉的，由卫生防疫机构向人民法院申请强制执行。

（4）公共场所卫生监督机构和卫生监督员必须尽职尽责，依法办事。对玩忽职守，滥用职权，收取贿赂的，由上级主管部门给予直接责任人员行政处分。构成犯罪的，由司法机关依法追究直接责任人员的刑事责任。

三、公共场所的基本卫生要求

1. 选址和设计要合理

（1）选址的基本原则是要有合理的服务半径，地势高而不潮湿，环境安静优雅，周边无污染源，交通便利。

（2）平面布置的基本要求是做到布局工艺流程合理，容量应与实际情况相适应，避免人员过于拥挤。应有利于公共场所中微小气候的调节，有利于维持公共卫生与预防传染病的传播。

（3）内部结构的基本要求是以安全卫生为前提，以有利于群众健康为目的。应根据场所性质充分满足卫生指标的要求。

2. 经营过程的良好管理

（1）保持良好的环境，包括绿化、空气质量、采光照明、清洁卫生等。

（2）良好的微小气候（包括气温、湿度、气流）可通过合理的通风、防暑降温、供暖防寒等措施来保持。

（3）随时保证对公用物品彻底清洗、消毒并做好保洁工作。

（4）结合本行业的特点建立健全的卫生管理制度。

（5）通过加强通风换气，空气净化消毒，公用物品一客一换等措施预防传染病。

（6）卫生管理是国家法律法规规定经营者履行的法定义务，同时也是公共场所日常经营管理的重要组成部分，卫生管理的好坏也反映了一个公共场所的整体经营管理水平。因此各类公共场所经营者必须认真做好各项卫生管理工作，并结合本行业的特点建立卫生管理制度。

四、公共场所的卫生管理

1. 公共场所的卫生许可

（1）卫生许可证。卫生许可证是卫生行政部门在企业开业之前，依据企业申请进行预防性卫生监督审查，在审查后认为经营的项目和卫生设施等符合卫生标准和要求而制颁发的卫生许可证明书。

（2）从业人员的健康检查。《公共场所卫生管理条例》第七条规定：公共场所直接为顾客服务的人员，持有"健康合格证"方能从事本职工作。患有痢疾、伤寒、病毒性肝炎、活动期肺结核、化脓性或者渗出性皮肤病以及其他有碍公共卫生的疾病的，治愈前不得从事直接为顾客服务的工作。

2. 经营环境的卫生要求

（1）保持地面、台面的清洁

应每天派专人打扫，产生蒸汽的房间要经常开启排风装置。

（2）及时处理垃圾

各种垃圾应存放在带盖的垃圾桶内，并及时运走。

（3）老鼠的控制

老鼠是许多种疾病的传染源。前厅服务员应随时报告在日常工作中发现的任何鼠迹，如粪便、污迹、路径、洞穴、碎屑、咬痕、灰尘和湿地上的足印、损坏的食品及食品容器或者活的或死的老鼠等。要防止老鼠的进入并防止水龙头滴水。

（4）苍蝇、蟑螂等有害昆虫的控制

控制有害昆虫要防止其进入房屋（使用纱网）并消除其生长繁殖场所（使用杀虫剂，保持场所清洁）。

3. 公用物品的消毒

公共场所是人们经常活动的场所，其中会备有各种公用物品，由于公用物品反复使用，难免或多或少的带有病原体，如有的酒店浴盆检查出致病性细菌，拖鞋未消毒而使宾客感染脚癣等。因此公共场所的从业人员必须随时保证对公用物品彻底清洗并制订保洁措施，根据用具的性质、功能合理进行消毒，同时增设洗涤、消毒、净化设备及建立必要的制度。

五、突发性事故的处理

1. 报告范围

（1）微小气候或空气质量不符合卫生标准导致人员虚脱或休克。

（2）饮用水污染所引发介水传染病流行或中毒。

（3）公共用具和卫生设施遭受污染所引发传染性疾病、皮肤病。

（4）意外事故导致的一氧化碳、氨气、氯气、消毒杀虫剂等中毒。

2. 事故报告责任人

事故报告责任人是经营单位负责人及卫生负责人。

3. 处理方式

公共场所发生危害健康事故的，经营者应当立即处置，防止危害扩大，并及时向县级人民政府卫生计生行政部门报告。

4. 处理的程序

（1）快速报告。

（2）及时抢救病人或中毒患者。

（3）保护现场。

（4）控制和消除致病和中毒因素。

（5）做好调查登记。

（6）开展针对性的宣传，提高工作人员的卫生知识水平，增强自我保健能力。

六、传染性疾病的预防

1. 传染病的定义

传染病是由各种病原体引起的能在人与人、动物与动物或人与动物之间相互传播的一类疾病。病原体中大部分是微生物，小部分为寄生虫，寄生虫引起的传染病又称寄生虫病。有些传染病，防疫部门必须及时掌握其发病情况，及时采取对策，因此发现后应按规定时间及时向当地防疫部门报告，称为法定报告传染病。中国目前的法定传染病有甲、乙、丙3类，共40种。

传染病是一种能够在人与人之间或人与动物之间相互传播并广泛流行的疾病。通常这种疾病可借由直接接触已感染的个体、感染者的体液及排泄物、感染者所污染到的物体而传播，具体传播途径包括空气传播、水源传播、食物传播、接触传播、土壤传播、垂直传播等。

2. 法定报告传染病的分类

（1）甲类传染病

甲类传染病有鼠疫、霍乱。

（2）乙类传染病

乙类传染病有新型冠状病毒肝炎、传染性非典型肺炎、艾滋病、病毒性肝炎、脊髓灰质炎、人感染高致病性禽流感、麻疹、流行性出血热、狂犬病、流行性乙型脑炎、登革热、炭疽、细菌性和阿米巴性痢疾、肺结核、伤寒与副伤寒、流行性脑脊髓膜炎、百日咳、白喉、新生儿破伤风、猩红热、布鲁氏菌病、淋病、梅毒、钩端螺旋体病、血吸虫病、疟疾。

（3）丙类传染病

丙类传染病有流行性感冒、流行性腮腺炎、风疹、急性出血性结膜炎、麻风病、流行性和地方性斑疹伤寒、黑热病、包虫病、丝虫病，除霍乱、细菌性和阿米巴性痢疾、伤寒和副伤寒以外的感染性腹泻病。

3. 传染病的传播途径

（1）水与食物传播

病原体借粪便排向体外，污染水和食物，易感者通过污染的水和食物受染。菌痢、伤寒、霍乱、甲型毒性肝炎等病通过此方式传播。

（2）空气飞沫传播

病原体由传染源通过咳嗽、喷嚏、谈话等排出的分泌物和飞沫，使易感者吸入受染。流脑、猩红热、百日咳、流感、麻疹等病通过此方式传播。

（3）虫媒传播

病原体在昆虫体内繁殖，完成其生活周期，病原体通过不同的侵入方式进入易感者体内使易感者受染。蚊、蚤、蜱、恙虫、蝇等昆虫为该类传播途径的重要传播媒介，如蚊传疟疾、丝虫病、蚊传乙型脑炎、蜱传回归热、虱传斑疹伤寒、蚤传鼠疫、恙虫传恙虫病。如病原体在昆虫体内的繁殖周期中的某一阶段才能造成传播，则称生物性传播；如病原体仅通过昆虫携带、运输至易感者处，则称机械传播，如菌痢、伤寒等。

（4）接触传播

接触传播有直接接触与间接接触两种传播方式。直接接触传播指病原体从传染源直接传播至易感者的侵入门户，如皮肤炭疽、狂犬病等；间接接触传播指易感者接触了被污染的物品所造成的传播，如肝炎。

4. 传染病的预防

（1）控制传染源

应对病原携带者进行管理与必要的治疗。特别是应对食品制作供销人员、炊事员、保育员进行定期检查，及时发现传染病，及时治疗和调换工作。对传染病接触者，须进行医学观察和集体检疫，必要时进行免疫接种或药物预防。

（2）切断传播途径

1）应根据传染病的不同传播途径，采取不同防疫措施。

2）预防肠道传染病，应做好患者床边隔离并对吐泻物消毒。平时应注意饮食卫生及个人卫生，做好水源及粪便管理。

3）预防呼吸道传染病，应使室内开窗通风，保证空气流通、做好空气消毒，个人佩戴口罩。

4）预防虫媒传染病，应有防虫设备，并使用药物杀虫、防虫、驱虫。

（3）保护易感人群

提高人群抵抗力，有重点有计划地进行预防接种，提高人群特异性免疫力。人工免疫分为人工自动免疫和人工被动免疫两种。人工自动免疫是有计划地对易感者进行疫苗、菌苗、类毒素的接种，接种后免疫力在1~4周内出现，持续数月至数年；人工被动免疫是紧急需要时为易感者注射抗毒血清、丙种球蛋白、胎盘球蛋白、高效免疫球蛋白，注射后免疫力迅速出现，维持1~2个月即失去作用。

培训课程 3

安全知识

酒店是为社会提供服务的公共场所。前厅服务员既要热情地欢迎每一位客人，还要防止和控制不良分子进入酒店或在店内扰乱、破坏正常的服务秩序。前厅服务处于酒店与宾客接触的前沿，安全是前厅服务的首要保障。作为前厅服务员，就要具有较强的安全意识，并熟练掌握相关的安全技能。

一、大堂的安全

酒店前厅的大堂是人员进出最多的地方，因此大堂的安全非常重要。

前厅总台的位置应该是明显的，能够让客人一进入酒店就发现总台，同时总台的员工也能够看清酒店大堂出入的客人。如果一家酒店的前厅不容易让客人找到，那么说明其设置是不合理的。

在大堂，前厅部的工作人员也很多，包括总台接待员、迎宾员、行李员和大堂经理等。在大堂的前厅服务员要注意观察所有客人的动向，维持好大堂的秩序，要利用好监控设备，发现可疑情况及时上报。

前厅大堂是公共场所，酒店欢迎所有到店参观的潜在客人，但通常拒绝外来人员到店拍照。

二、出入安全控制

（1）从安全防范角度来看，酒店的出入口不宜过多。除职工通道以外，最好只设一个供客人使用的主要出入口，这样便于进行安全控制和客流控制。

（2）前厅服务员首先应熟悉前厅消防疏散通道位置，另外要保持前厅出入口及安全通道畅通，无堆放物。门童是前厅服务的重要岗位，在出入口向客人提供服务的同时，又担负安全保卫工作。经过专门培训的门童，应该在工作中与保安人员密切合作，增强识别、防范和控制能力。

（3）可在前厅消防出入口安装紧急疏散装置。如安装单向门锁，平常关闭，以防店外闲散人员入内，发生火灾或紧急情况时，店内人员用力推动此装置，即可开门；又如酒店可以安装同步电视摄像头，使中控室监控画面可随时切换至出入口。

三、电梯安全

（1）如果电梯突然失去控制，电梯司机应立刻切断电源，使电梯停在就近楼层；电梯无司机时，机房值班人员接报警后应立即切断电源，再用对讲机安抚乘客令其保持镇静，指导乘客将脚跟提起并用手扶住轿厢壁，切勿跳轿厢。

（2）如电梯在行驶中突然发生停车故障，应先将轿厢内电源切断，然后用对讲机安抚乘客，再用手动方式使电梯停在平层，用手动钥匙开启电梯门使乘客离开。

（3）若遇电气设备发生燃烧，应立即切断电源并迅速向消防中心报警，并应用气体灭火剂进行扑救。

（4）若遇停层不开门，机房值班人员应先用对讲机安抚乘客，问清电梯停在几层，再以最快速度手动开启电梯门解救乘客。

（5）若电梯底坑积水，应将电源全部切断，立即排水，检查正常后方可启用。

（6）若电梯发生事故，机房值班人员必须立即停下电梯，组织有关人员抢救伤员，保护现场，并及时报告有关部门。

四、住宿登记安全

旅客住宿必须登记，登记时应当检验旅客的身份证件，让宾客按规定的项目如实登记。

1. 如实登记

（1）填写临时住宿登记表的内容要完整、准确，不能缺项、漏项。

（2）填写字迹要工整清晰，做到一目了然。

（3）缩写要规范，姓名、国籍可以缩写，但要严格按照国际认可的标准填写，不得随意填写。

2. 严格验证

（1）要细心查看住房宾客的证件是否有冒用、涂改、更换相片等问题，同时要坚持先核实后办理住宿手续的原则。

（2）注意查检证件的有效期。

（3）检验签证期限。

3. 按时报送

按照我国有关法律规定，宾客在抵达酒店 24 小时之内，留宿单位要派人将已填好的临时住宿登记表报送公安主管部门。

通缉令

某城市特大爆炸案发生以后，犯罪嫌疑人的通缉令被送达酒店总台，酒店要求总台每位员工熟记犯罪嫌疑人的特征和通缉令上的相关内容。总台早班和中班人员都已经背熟了，可是夜班人员并没有认真识记。由于案件性质恶劣，引起了各方面的高度重视，当晚市公安局的人员进行了检查，结果夜班人员一问三不知。

【评析】总台在酒店的安全防范工作中地位十分重要，严把登记入住关是每一个接待人员的职责。当收到协查通报后接待人员应立即将信息录入计算机的"特殊提醒名单"中，并做好交班，让每位员工都熟悉犯罪嫌疑人的相貌特征和具体注意事项。遇到可疑人员要及时报查，不给酒店带来安全隐患，对重大案件的案犯更要熟记在心。

假钞责任谁来负

一位客人在总台办理入住登记手续，按照酒店规定，宾客需要在总台预付一定的费用。小刘接待了这位客人，在得知客人欲用现金支付后，小刘礼貌地请客人交纳 1 000 元的押金，客人按酒店的规定交纳了足额的押金，小刘数了一遍后，很快为客人开取了预付款单，并礼貌地向客人道别，客人顺利地入住了酒店的 1908 房。

待客人离开柜台后,小刘开始与财务部交接钱款,谁知收银人员在客人预付的1 000元中发现了一张百元假钞。这时小刘心想:这一百元总不能让自己赔吧。于是,小刘抱着试试看的心理,打了个电话给1908房的客人,希望客人能认这笔账,可当小刘向客人说明了情况之后,客人非但表示绝不可能有这样的情况,而且认为酒店的此种行为对其人格造成了伤害,要向大堂经理投诉。

【评析】员工在收取现金时最重要的一环就是当面核对。小刘未履行这一重要程序,而且还擅自打电话给客人试图挽回损失,不仅造成了个人的损失,而且还影响了酒店的声誉。

五、行李安全控制

(1)住店客人办理寄存行李时,服务人员要事先向客人说明酒店不收存易燃易爆等违禁物品,然后按规定办理相关手续;收存时应向客人询问行李里有无贵重物品,如果有,应建议客人存在收银处的保险箱里,如果其中有易碎物品应小心拿放,易爆及有异味物品拒绝寄存。

(2)行李库房内严禁吸烟,客人的物品应按规定码放整齐。短存与长存的行李要分隔开,并挂好寄存牌。各班次交接班时应当面点清核准。

(3)行李房内不准违规使用电器,行李库房内不得使用电炉、电取暖器、电熨斗等电器,行李房内不得堆放员工的私人物品。

(4)超过两件的行李需用行李绳串接起来。

客人的大衣不见了

近几天来,几个大公司相继在酒店召开工作会议,客房出租率一直保持在90%左右,客流高峰给总台排房带来了困难。总台服务员小张刚刚办完几个客人的进店手续,在整理客人登记单的时候,突然发现刚出租的1311房又排给了另一位住店的客人王先生,即同一间房登记了两批客人。

王先生进店后没有发现已有人居住,就将行李放下,大衣挂在衣橱内,到楼下餐厅用餐。小张在餐厅找到了王先生,经过解释,将他的房间换到了1511,并答应由行李员帮客人把行李先拿到1511房。可惜行李员只拿了王先生的行李,大衣却忘在1311房。第二天中午离店时王先生发现大衣不见了，再去1311房寻找时，没有找到，而原1311房的客人已先退房离店。王先生要求酒店赔偿。

【评析】前厅总台在售出一间房时必须先在计算机中转换房态，尽可能避免因员工遗忘或同一时段他人操作导致同售一间房的情况。

本案例中在发现开重房后，小张应主动地向上级汇报，妥善处理，不能自作主张，私自帮客人换房，而且未按换房程序，在客人不在场的情况下，让行李员搬运行李。

六、接待访客安全控制

1. 建立访客接待制度
酒店为保证客人的安全及休息，按规定在23：00以后不再接待访客。

2. 执行访客登记制度
酒店一般在前台或客房楼层设服务台接待访客并予以登记。

3. 严格为住店宾客保密
（1）前厅服务员不得随意将住店客人情况告诉访客。

（2）必须在征得住店客人同意后，才可将客人房号告诉访客，或按客人的要求答复访客。

培训课程 4

突发事件应急处理

酒店前厅部经常会遇到很多突发事件，对于突发事件，前厅部要有一套应急处理措施。

一、遇到突发暴力事件时的应急措施

突发暴力事件包括：行凶、抢劫、凶杀、团体斗殴、酗酒及恶意滋事，以及发现爆炸可疑物品或发生爆炸事件等。

（1）前厅服务员在遇突发暴力事件时，要见机行事。首先应向保卫部门报警，报警时要镇静，不大声喊叫，要讲清事发地点等情况，事后要及时记录。然后应立即告知部门经理或总值班员，并按指示拨打110报警。

（2）要保证自身安全及酒店设施安全。

（3）协助保卫人员尽快制服凶犯，保护好现场，如有凶犯逃跑，应向保卫人员提供凶犯逃跑的方向、特征、人数等情况。

（4）在保卫人员的协助和组织下，保护好宾客遗留在现场的物品并逐一进行登记，安抚宾客，并积极联系医院救治受伤害的宾客。

（5）积极向在场的公安人员提供案发现场的目击情况，协助辨认犯罪嫌疑人，协助做好善后工作。

（6）要保护好现场，凶犯遗留的凶器、作案工具等不要用手触摸，要划出警戒范围，不要让无关人员进入现场。

（7）在场人员不可向无关人员透露任何消息，不准拍摄照片。

（8）如有伤者，要立即送往医院救治，并报告公安机关。

二、遇到宾客自然死亡、患病、受伤时的应急措施

（1）如遇宾客受伤，应立即上前帮助，并告知大堂副理。

（2）观察宾客是真的发病还是醉酒闹事。如遇年老者摔倒不可立即将其扶起，而应让其保持原状并进行安抚，询问其状况，并告知不能立即扶起是为了避免造成中风。

（3）如果店内宾客突发精神病，需联系宾客的朋友或者亲人来酒店处理。并应协助大堂副理和保安人员送宾客回房，并安排相关人员进行必要的照顾。大堂副理应态度友好地安慰宾客，让宾客感觉舒适。

（4）如果宾客患病需找医生治疗，如情况较紧急，应叫救护车。当救护车来时，大堂副理应同保安主管陪同宾客一起上救护车。

（5）如宾客病情严重必须住院治疗，应通知与宾客有关的团队、公司及宾客的亲属。大堂副理应通知收银员暂且保留该宾客所有账目直至宾客返回酒店。

（6）大堂副理在次日应亲自前往医院探望宾客，并应每天慰问宾客，如有必要应为宾客安排送餐服务，直至宾客返回酒店。

（7）前厅部员工如发现宾客自然死亡、患病、受伤时，须第一时间报告，并有效协助警方开展工作，在最短时间内清理现场。

（8）前厅部员工和大堂经理应配合警方做好善后处理工作。

三、遇到自然灾害时的应急措施

当酒店遇到水灾、雷击、暴风、雨雪、地震等严重自然灾害时，前厅部门需在酒店的统一指挥下采取应急措施。

（1）各方面的信息由前厅部负责收集。当收到信息时，前厅部应通知相关部门，并及时将预警信号挂在大堂显眼处。

（2）做好应急处置，防止因自然灾害引发重大安全事故。

（3）若需疏散人员，由救灾指挥部确定疏散路线并组织疏散。

（4）在受灾清查、处理结束后，把情况汇总到救灾指挥部，由突发事件应急处置小组出具事故报告。

（5）前厅作为各部门的协调中心，如有酒店物品在灾害中损坏，应即时用相机将现场拍下，便于日后保险索赔。

（6）大堂副理及总机应密切注意各方面动向，并及时将信息传达给各部门。

（7）遇到下雨、下雪天气，要在门前放警示牌，告知客人路滑。下雨时要为客人撑伞，下雪时要在通道上铺上地毯、胶皮等防滑物品。

【案例 4-4】

疫情下，客户和我们紧紧相拥

金牛大酒店因为是市中心商务酒店，客源比较稳定，一般春节期间回家探亲客人住宿较多。然而 2020 年，仅 1 月 24 日除夕这天酒店就收到了 20 余个退单要求，1 月 25 日酒店 110 间房仅剩不到 10 个在住房，1 月 26 日酒店房间全部退完。

在新冠肺炎疫情期间，总台主动联系已预订房间的客人，并与网络订房中心发起"安心取消保障"活动，无论是否支付过担保款项均可进行免费订房变更或取消。

有客人提前预订了酒店 3 月份的婚房并预付了押金，由于疫情影响，总台服务员主动提前联系了客人，确定客人不用房间后，为客人提供了两种方案，一是押金在前台挂账，客人可以随时来消费，二是退还客人押金。客人考虑后决定选择退还押金。出于客人安全考虑，总台服务员积极与财务进行沟通，采用转账的方式把押金退给客人，以减少客人出门次数，避免来回路上的风险。转账成功后，总台服务员又与客人联系，询问其是否收到退款，客人确定收到后对总台服务员细致的工作给予肯定，并称赞了酒店的服务，表示以后还会继续支持金牛大酒店。

为响应政府"少聚会，不扎堆"的号召，原本预定满满的年夜饭及客房陆续取消。营销部主动联系每位订餐及预订婚宴的宾客，在征得宾客同意后将年夜饭定金全额退还。面对大量年夜饭预订取消，为保证原先储备的食材不受污染或变质，酒店全部以进价将食材出售给内部员工，将损失降到了最小，也保证了在酒店恢复营业之后的食材新鲜。

另外，营销部经与预定婚宴的宾客沟通后，部分宾客选择取消婚宴预订押金全额退还，也有一部分宾客出于对酒店的信任选择暂且不退押金将婚宴日期进行延期。其间酒店严格遵循政府防疫号召，在大厅举办了几场仅有几十人的婚宴，并采取了建立用餐安全距离、提倡使用公筷公勺等防疫措施，有效保障了宾客的健康安全。

四、宾客报失处理

（1）前厅服务员在接到宾客报失后，应首先问清失主姓名、房号、国籍等身份情况，以及丢失财物的名称、数量、型号、规格等。

（2）通知保安部，与保安主管和被盗的宾客一同前往现场，必要时还要有相关部门的人员在场，并对现场进行保护。

（3）仔细听取宾客陈述并认真记录整个事件发生的经过。有礼貌地提醒宾客再查找一次，看是否能找到失物，然后让保安人员查找一遍。

（4）宾客如果是在酒店范围之外遗失物品，酒店将不负责任，但当班大堂副理应在征得宾客同意后向公安机关报案。

（5）如果宾客遗失的是贵重物品，宾客要求上报公安机关，大堂副理应答应宾客要求并协助宾客报案。

（6）应写出详细的事件报告并存档，以便日后查询。

五、宾客遗失物品处理

（1）前厅服务员在公共区域、总台、门口等处发现宾客遗失物品后，应及时上交酒店有关部门并填表登记，详细记录遗失物品名称、数量、型号、规格及发现地点、捡拾人姓名等。

（2）对暂时无人认领的一般物品，可由指定部门保管。暂时无人认领的贵重物品应存入保险箱或专用库房中，由专人保管并定期予以清点。

（3）长期无人认领的一般物品在保管3个月以后，贵重物品保管6个月以后，应按规定统一处理。

六、停电事故处理

忽然断电往往会引起恐慌，尽管酒店的应急供电系统会保证照明用电，但是在停电时服务人员仍应做如下处理。

（1）如果突然发生停电，影响正常工作和服务时，前厅服务员要保持冷静，并稳定宾客情绪。总台应立即启用应急手电，照射电梯出入口。

（2）礼宾组应拉开大门，确保进出宾客的安全。总机及前厅其他部门应向工程部询问原因，并指示总机应对宾客询问做好解释工作。

（3）前厅部配备计算机、传真机的工作岗位，在突然停电时，要及时关闭电源，待接到通知后，再按程序接通电源。

（4）大堂副理应问明总机停电原因，并组织处理投诉、解释原因、安抚宾客等工作。

（5）前厅服务员应协助工程部的负责人保证应急供电系统运行。如果应急供电系统出现故障，大堂副理须安排足够的应急灯以保证照明。

（6）应协助保安部做好酒店安全保卫工作，并及时向酒店高层管理人员报告事态发展。

思考题

1. 前厅部在发生火灾时采取何种应急措施？
2. 在暴力事件发生时，总台应采取何种应急措施？
3. 酒店应如何预防传染病？
4. 前厅工作中应注意哪些方面的安全？
5. 如何提高前厅员工的安全意识？

职业模块 5
前厅英语基本接待用语

培训课程 1　总机服务（operator service）
培训课程 2　预订服务（room reservations）
培训课程 3　礼宾服务（concierge）
培训课程 4　总台接待（reception）
培训课程 5　问讯服务（information）
培训课程 6　结账服务（checking out）
培训课程 7　大堂经理（assistant manager）

培训课程 1

总机服务（operator service）

（1）Good morning, Center Hotel, Can I help you?

早上好，中心大酒店，请问需要帮助吗？

（2）Sorry, I've dialed the wrong number.

对不起，我拨错号了。

（3）Could you put me through to Room 218, please?

请转 218 房间，可以吗？

（4）I will connect you with the Restaurant Reservation Desk.

我帮您转接到餐厅预订台。

（5）For calls to Shanghai, please dial 0 and then the area code and number.

您要打电话到上海，请拨 0，再拨区号和号码。

（6）I'd like to be woken up tomorrow morning.

我明天早上需要叫醒。

（7）Could you hold the line, please?

请您稍等不要挂断，好吗？

（8）May I speak to your manager?

我能和你们经理说话吗？

（9）Sorry, he is not in at the moment.

对不起，他现在不在。

（10）Would you like to leave a message?

您要留口信吗？

（11）I beg your pardon.

对不起，请再说一遍。

（12）It's my pleasure.

非常高兴为您服务。

（13）Sorry to have kept you waiting.

对不起，让您久等了。

（14）Sorry to interrupt you.

对不起，打扰一下。

（15）Just a moment，please.

请稍等一下。

（16）I'd like to speak with Mr. Brown.

我想请布朗先生听电话。

（17）I'm afraid there is no reply from Room 210.

210号房恐怕没人接电话。

（18）Could you try again?

请再试一次好吗？

（19）I'm afraid your party was cut of.

对方恐怕已经挂断了。

（20）I'd like to call my friend in his room.

我想打电话到朋友的房间。

（21）Please dial 60 and then the room number.

请先拨60再拨房间号码。

（22）What number are you calling, please?

请问您要拨的电话号码是多少？

（23）Is this a paid call?

这是付费电话吗？

（24）I'd like to make an international call.

我想拨一个国际电话。

（25）You may call directly from your room，sir.

先生，您可以直接由客房拨出去。

（26）The country codes are listed in the Service Directory in your room.

国家代号列在您房间里的服务指南上。

（27）I'd like to make a collect call to the U.S.A.

我想打一个对方付费的电话到美国。

（28）There is a time difference of 13 hours. It is 12 noon there now.

那里和这儿有 13 小时的时差，那里现在应该是中午 12 点。

（29）Thank you Mr.××, your room number is ×× and we will call you at ×× in the morning.

谢谢 ×× 先生，请允许我重复一下，您的房号是 ××，我们将于早晨 ×× 时叫醒您。

（30）Sorry, room ×× does not answer. Would you like to leave a message?

对不起，×× 房间电话没人接，您是否需要留言？

（31）I am sorry, sir, we are not allowed to give our guest's room numbers. Can you give me your name and telephone number? And I'll have Mr.×× call you back.

对不起，我们不能将宾客的房号告诉您。可否将您的姓名及回电号码告诉我，我告诉 ×× 先生给您回电。

（32）Sorry, we do not have this name listed as our guest. Would you like to leave a message in case Mr.×× checks in?

对不起，我查不到这位宾客的名字。您是否需要留言，以便 ×× 先生入住时，我们可以通知他。

（33）I am afraid such information is confidential. I am so sorry.

抱歉，此类信息属于保密范围。

培训课程 2
预订服务（room reservations）

（1）I'd like to book a single room for Monday next week.

下周一我想订一个单人房间。

（2）How long will you be staying?

您打算住多久？

（3）What time do you expect to arrive, sir?

先生，您何时到达？

（4）How many guests will be there in your party?

在您的晚会上有几位客人？

（5）We'll be leaving on Thursday morning.

我们将在周四上午离开。

（6）What's the price difference?

价格相差多少？

（7）A double room with a front view is 100 dollars per night, and one with a rear view is 90 dollars per night.

一间双人房朝阳面的每晚 100 美元，背阴面的每晚 90 美元。

（8）I think I'll take the one with a front view then.

我想我还是要朝阳面的吧。

（9）What's your flight number?

您的航班号是多少？

（10）And we look forward to seeing you next Monday.

我们期待下周一见到您。

（11）We do have a single room available for those dates.

我们确实有一个单间，在这段时间可以用。

（12）I'm afraid our hotel is fully booked on that date. Is it possible for you to change your reservation?

那天我们酒店客满，您能否更改预订日期？

（13）What is the rate, please?

请问费用多少？

（14）The current rate is $100 per night.

房价是 100 美元一晚。

（15）What services come with that price?

这个价格包括哪些服务项目呢？

（16）That sounds not bad at all. I'll take it.

听起来还不错，这个房间我要了。

（17）By the way, I'd like a quiet room away from the street if it is possible.

顺便说一下，如有可能我想要一个不临街的安静房间。

（18）May I have your name and telephone number, please?

请问你的姓名和电话号码？

（19）We look forward to hearing from you.

我们静候您的佳音。

（20）You are welcome, sir.

先生，不客气。

（21）Could you hold the line, please? I'll check the room availability for that day.

请不要挂断，我查一下那天是否有空房。

（22）His company will pay.

费用将由他的公司支付。

（23）Would you like Full American Plan or Continental.

您希望是美国收费方式还是大陆收费方式？

（24）We'll have to charge you $10 extra.

我们要向您额外收取 10 美元。

（25）Our hotel is located in the centre of the city.

我们酒店位于市中心。

（26）Would you like us to send you a brochure?

我们给您寄一份宣传册好吗？

（27）How will you be paying the bill（account）?

您将如何付款？

（28）We accept American Express.

我们接受美国运通卡。

培训课程 3

礼宾服务（concierge）

（1）Good evening. Welcome to our hotel.

晚上好，欢迎光临我们酒店。

（2）Please contact me if you have any further questions.

如果您有任何其他问题，请和我联络。

（3）How many pieces of luggage do you have?

请问您有多少件行李？

（4）Just these three.

只有这3件。

（5）Two suitcases and one bag. Is that right?

2个旅行箱和1个手提包，对吗？

（6）I'll show you to the Front Desk. This way，please. I'll put your bags by the post over there.

我来带您到前台。这边请。我先将您的行李放在柱子旁边。

（7）A bellman will show you to your room when you have finished checking in.

当您办好住宿登记时，行李服务员会带您到房间。

（8）Please enjoy your stay.

祝您入住愉快。

（9）Mind (Watch) your step.

请走好。

（10）Please don't leave any thing behind.

请别遗忘您的东西。

（11）Are these your baggage?

这些是您的行李吗?

（12）May I take them for you?

我来帮您拿好吗?

（13）Is this everything, sir?

这是全部东西吗, 先生?

（14）Let me help you with your luggage.

我来帮您拿行李。

（15）It's very kind of you to do so.

您这样做使我很感激。

（16）How do you like this room?

您觉得这个房间怎么样?

（17）Do you mind if I put your luggage by the wardrobe?

您介意我把您的行李搁在衣柜旁边吗?

（18）Wish you a pleasant journey. Good luck.

祝您旅途愉快! 祝您好运!

（19）Turn left/right. It's in the lobby near the main entrance.

往左转/右转, 在大厅靠近大门的地方。

（20）The Reception Desk is straight ahead.

接待处就在前面。

（21）Excuse me, where can I buy some cigarettes?

劳驾, 我到哪儿可买到香烟?

（22）There is a shop on the ground floor.

一楼有家商店。

（23）Can I also get some souvenirs there?

我在那儿也可以买到纪念品吗?

（24）Excuse me, where is the restaurant?

劳驾, 请问餐厅在哪儿?

（25）Is there anything valuable or breakable in your bag?

您的包内有贵重或易碎的物品吗?

（26）May I hang your coat in the closet, sir?

先生，我可以把您的衣服放到衣橱里面吗？

（27）Is there anything breakable in your briefcase?

您的包里有易碎物品吗？

（28）Will you get me some wrapping paper and cord?

帮我拿一些包装纸和绳子，好吗？

培训课程 4

总台接待（reception）

（1）Do you have a reservation?

您有预订吗？

（2）What kind of rooms would you like?

您想要什么样的房间？

（3）Here is a brochure of our hotel and tariff.

这是我们酒店的宣传册和价目表。

（4）I'd like to check in, please.

我想入住酒店。

（5）May I see your passport?

我可以看您的护照吗？

（6）Would you mind writing down your name, sir?

请您在这儿签名，好吗？

（7）What should I fill in under ROOM NUMBER?

"房间号码"这一栏我该怎么填呢？

（8）I'll put in the room number for you later on.

等一会儿我来给您填上房间号码。

（9）How long do you intend to stay in this hotel?

您准备住多久？

（10）Can I book a single room for my friend beforehand as he will arrive in Shanghai tomorrow morning?

我能为我的朋友预订一间单人房吗？他将于明天早上到达上海。

（11）Would you mind filling in this form and pay five hundred yuan in advance?

请填好这张表格并预付 500 元钱，好吗？

（12）Could you fill in this form, please?

请您填写这张表格，好吗？

（13）May I know your name and room number?

您能告诉我您的名字与房间号吗？

（14）I want a double room with a bath.

我要一间有浴室的双人房。

（15）Here is your room key.

给您房间钥匙。

（16）How much a day do you charge?

每天收费多少？

（17）This is a receipt for paying in advance. Please keep it.

这是预付款收据，请收好。

（18）Have you any vacant (spare) room in the hotel?

酒店里有空房间吗？

（19）Sorry, we have no vacant (spare) room for you. But I can recommend you to the Center Hotel.

对不起，我们已经客满了。但是我可以介绍您去中心大酒店。

（20）How much do I have to pay for you?

我要付多少钱？

（21）Yes, we do have a reservation for you.

是的，我们这儿是有您预订的房间。

（22）You forgot to put in the date of your departure.

您忘了填写离店日期了。

（23）It is on the 8th floor and the daily rate is $100.

房间在 8 层，每天的房费是 100 美元。

（24）You may pay in cash or with credit card.

您可以付现金也可以用信用卡。

（25）Wish you a most pleasant stay in our hotel.

愿您在我们酒店过得愉快。

（26）I'm glad that we'll be able to accept your extension request.

很高兴我们有办法接受您延长住宿的要求。

（27）May I reconfirm your departure date?

我可以再次确认您的离店日期吗?

（28）May I take a print of the card, please?

我可以复印您的卡吗?

（29）If there is any change, could you notify the Front Desk, please?

如果有何变化，请您通知前台。

（30）We do have folding beds, and we can tuck them into the corner.

我们有折叠床，可以放在房间的角落。

（31）We have no record of a reservation in your name.

我们没有以您名字预订房间的记录。

（32）When did you make the reservation?

您是什么时候预订的房间?

（33）Our check-in time is 2 o'clock. Would you mind waiting until then?

我们登记入店时间是2点，您可以等到那时吗?

培训课程 5

问讯服务（information）

（1）Good afternoon, my room number is 208. Any mail for me?

下午好！我是208的客人。有我的信吗？

（2）My message lamp is on. Is there a message for me?

我的留言灯亮了，有我的留言吗？

（3）You have a message left by a lady an hour ago.

一位小姐一小时前来电话留言给您。

（4）If you want to take a walk, you can go to the garden.

如果您想散步，可以去花园。

（5）There is a recreation centre on the ground floor.

在一楼有个娱乐中心。

（6）I'll mail a letter to USA by airmail.

我要寄一封航空信到美国。

（7）Would you please tell me the service hours of the restaurant?

请告诉我餐厅的服务时间。

（8）From 7 a.m. till 12 a.m.

从早上7时一直到晚上12时。

（9）When will the bar and café open?

酒吧和咖啡馆什么时间开放？

（10）Does the hotel offer any other service?

酒店里还有哪些服务项目？

（11）And where can I have my laundry done?

衣服在哪儿洗？

（12）What can I do for you?

我能为您做些什么？

（13）I'm looking for a friend, Mr. White. Could you tell me if he is in the hotel?

我在找一位朋友，怀特先生。你能告诉我他是否住在这个酒店吗？

（14）Just a minute, please. I'll see if he is registered.

请稍等片刻，我看看他是否登记了。

（15）Mr. Wang said he's waiting for you in his room.

王先生说他在房间里等您。

（16）Could you tell me his room number, please?

请问他的房间号码是多少？

（17）I suppose his room number is 208.

我想他的房间号码是208号。

（18）By the way, please show me where the lift is?

请告诉我电梯在什么地方？

（19）What time does this train leave?

这列火车什么时间发车？

（20）Could you get me two tickets for tomorrow?

请给我两张明天的火车票，好吗？

（21）Apart from the recreation centre, we also have a health club on the second floor.

除了娱乐中心，我们在二楼还有一个健身中心。

（22）The Chinese restaurant is on the eighth floor.

中式餐厅在酒店的8楼。

（23）The bank is just over there behind you, madam.

女士，银行就在您身后那边。

（24）Am I going the right way for the tennis courts?

去网球场是这条路吗？

（25）What is the basic rate for taxis here?

这里出租车的起步价是多少？

（26）Sports requisites are available free of charge.

运动器械是免费提供的。

培训课程 6

结账服务（checking out）

（1）I'd like to check out now.

我想现在结账。

（2）Did you have breakfast this morning?

请问您今天早晨吃过早餐了吗？

（3）Three nights at 100 US dollars each. That makes a total of 300 US dollars.

3个晚上，每晚100美元，总共是300美元。

（4）Your name and room number, please?

请问您的姓名和房间号码？

（5）Can I pay by credit card?

我可以用信用卡支付吗？

（6）Excuse me. We're leaving today. I'd like to pay our bills now.

劳驾，我们今天要离店。我现在结账。

（7）I'd like to tell you that the checkout time is 12 p.m., sir.

先生，酒店结账时间是中午12点。

（8）Here's your receipt. I'll send a porter up to get your luggage.

这是您的发票，我马上派一个行李员帮您拿行李。

（9）How about the charge for the days you shared the room with your friend?

您的朋友与您同住的费用如何处理？

（10）Please add to my account.

请记在我的账上。

（11）That's for the phone calls you made from your room.

这是您房间的电话费。

（12）The total for the days is six hundred yuan.

费用总共是 600 元。

（13）Would you like to vacate the room now, Miss Smith?

史密斯小姐，您现在要退房间吗？

（14）Did you make any phone calls from your room?

您在房间里是否打过电话？

（15）Shall I draw up your bill for you?

我把您的账单开出来，好吗？

（16）Here is your bill. Would you like to check it?

这是您的账单，您需要核对吗？

（17）Item7 is the $880 for your room.

第七项是您的房费 880 美元。

（18）I'm sorry. We don't accept personal cheques. It's the policy of the hotel.

对不起，我们不收个人支票，这是酒店的规定。

培训课程 7 大堂经理（assistant manager）

（1）What do you think of our service?

您对我们的服务有什么意见？

（2）Thank you for your comments（compliment，suggestions）.

谢谢您给我们提的意见（赞扬、建议）。

（3）I'm afraid it's against the hotel's regulations.

这是违反酒店规定的。

（4）We don't accept tips in our hotel.

我们酒店是不收小费的。

（5）It's our pleasure to serve our guests well.

我们很乐意为客人服务。

（6）I'm afraid you'll have to pay for the damage.

您恐怕要赔偿。

（7）I'm sorry. It's my fault.

很抱歉，那是我的过错。

（8）I'll look into the mater right away.

我马上去处理这件事情。

（9）I assure you it won't happen again.

我保证此类事情不会再发生。

（10）Please don't worry, sir.

先生，请不必担心。

（11）I'll send someone up to your room right away.

我马上派人到你的房间去。

（12）I can't guarantee anything. But I'll try my best.

我不能保证什么，但我会尽力而为。

（13）I am sorry about the matter, sir. I shall put you through to Assistant Manager and get him to attend to you as soon as possible.

很对不起，我马上把您的电话转给大堂值班经理，让他尽快为您解决。

（14）I am sorry, Mr.××is at a meeting. May I put you through to his assistant?

对不起，××先生正在开会。请他的助手与您讲话好吗？

（15）I am terribly sorry. There could have been some mistakes. I do apologize.

这是我弄错了，非常对不起。

（16）I am sorry, sir. I'll look into the matter at once.

对不起，先生。我马上去处理此事。

（17）What's the problem, sir? Can I be of assistance?

先生，出了什么问题？我能为您做点什么？

（18）I'm sure everything will be all right again next time you come.

相信下次您再来时，一切都依然会使您称心满意的。

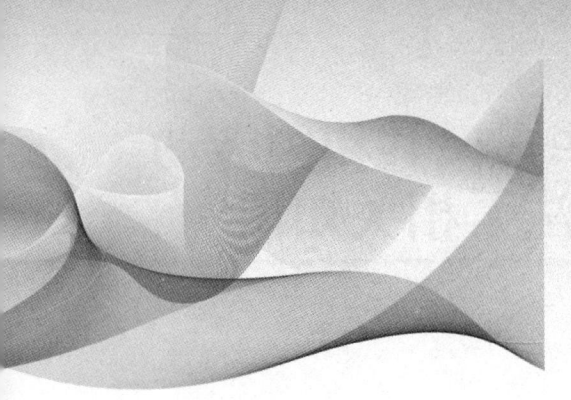

职业模块 ❻ 相关法律、法规

培训课程 1 《中华人民共和国劳动合同法》相关知识
培训课程 2 《中华人民共和国消费者权益保护法》相关知识
培训课程 3 《中华人民共和国外汇管理条例》相关知识
培训课程 4 《旅馆业治安管理办法》相关知识
培训课程 5 《中华人民共和国出境入境管理法》相关知识
培训课程 6 《中华人民共和国消防法》相关知识

培训课程 1
《中华人民共和国劳动合同法》相关知识

一、概况和特点

《中华人民共和国劳动合同法》(以下简称《劳动合同法》)是为了完善劳动合同制度,明确劳动合同双方当事人的权利和义务,保护劳动者的合法权益,构建和发展和谐稳定的劳动关系而制定的一部法律。劳动合同法适用于中华人民共和国境内的企业、个体经济组织、民办非企业单位等组织(以下简称用人单位)与劳动者建立劳动关系,订立、履行、变更、解除或者终止劳动合同。国家机关、事业单位、社会团体和与其建立劳动关系的劳动者,订立、履行、变更、解除或者终止劳动合同,也必须依照本法执行。

《劳动合同法》有如下五大特点。

一是进一步加强了对劳动者就业权益的保护。

二是分类规范不同劳动用工形式。针对我国劳动力市场用工形式多样化的发展趋势,在进一步完善全日制用工规范的基础上,对劳务派遣、非全日制用工两种用工形式专门进行了规范,拓展了法律适用的范围,使不同就业形态下劳动者的合法权益都能得到有效保护。

三是用人单位的法律责任更加明确。为保证劳动合同制度在各类用人单位切实得到执行,保护守法企业的积极性,加大了对用人单位违法行为的处罚力度。

四是在保护用人单位的合法权益方面有新的突破。在对劳动者实行倾斜保护的同时,对保护用人单位合法权益、促进用人单位健康发展给予了必要的关注,做出了相应的法律规范。

五是进一步健全劳动关系协调机制。明确规定了用人单位自用工之日起即与劳动者建立劳动关系,较好地解决了用人单位不与劳动者订立书面劳动合同带来的问题,有效保障了与用人单位存在事实劳动关系的劳动者享有的各项权利。

二、与酒店职业相关的主要内容

1. 劳动合同的订立

用人单位自用工之日起即与劳动者建立劳动关系。用人单位应当建立职工名册备查。

用人单位招用劳动者时,应当如实告知劳动者工作内容、工作条件、工作地点、职业危害、安全生产状况、劳动报酬,以及劳动者要求了解的其他情况;用人单位有权了解劳动者与劳动合同直接相关的基本情况,劳动者应当如实说明。

建立劳动关系,应当订立书面劳动合同。已建立劳动关系,未同时订立书面劳动合同的,应当自用工之日起一个月内订立书面劳动合同。用人单位与劳动者在用工前订立劳动合同的,劳动关系自用工之日起建立。劳动合同由用人单位与劳动者协商一致,并经用人单位与劳动者在劳动合同文本上签字或者盖章生效。劳动合同文本由用人单位和劳动者各执一份。劳动合同除前款规定的必备条款外,用人单位与劳动者可以约定试用期、培训、保守秘密、补充保险和福利待遇等其他事项。劳动合同对劳动报酬和劳动条件等标准约定不明确,引发争议的,用人单位与劳动者可以重新协商。

劳动者在试用期的工资不得低于本单位相同岗位最低档工资或者劳动合同约定工资的百分之八十,并不得低于用人单位所在地的最低工资标准。用人单位在试用期解除劳动合同的,应当向劳动者说明理由。用人单位为劳动者提供专项培训费用,对其进行专业技术培训的,可以与该劳动者订立协议,约定服务期。劳动者违反服务期约定的,应当按照约定向用人单位支付违约金。违约金的数额不得超过用人单位提供的培训费用。用人单位要求劳动者支付的违约金不得超过服务期尚未履行部分所应分摊的培训费用。

2. 劳动合同的履行和变更

用人单位与劳动者应当按照劳动合同的约定,全面履行各自的义务。用人单位应当按照劳动合同约定和国家规定,向劳动者及时足额支付劳动报酬。用人单位拖欠或者未足额支付劳动报酬的,劳动者可以依法向当地人民法院申请支付令,人民法院应当依法发出支付令。用人单位应当严格执行劳动定额标准,不得强迫或者变相强迫劳动者加班。用人单位安排加班的,应当按照国家有关规定向劳动者支付加班费。

劳动者拒绝用人单位管理人员违章指挥、强令冒险作业的,不视为违反劳动合同。劳动者对危害生命安全和身体健康的劳动条件，有权对用人单位提出批评、检举和控告。用人单位变更名称、法定代表人、主要负责人或者投资人等事项，不影响劳动合同的履行。用人单位发生合并或者分立等情况，原劳动合同继续有效，劳动合同由承继其权利和义务的用人单位继续履行。用人单位与劳动者协商一致，可以变更劳动合同约定的内容。变更劳动合同，应当采用书面形式。变更后的劳动合同文本由用人单位和劳动者各执一份。

3. 劳动合同的解除和终止

用人单位与劳动者协商一致，可以解除劳动合同。劳动者提前三十日以书面形式通知用人单位，可以解除劳动合同。劳动者在试用期内提前三日通知用人单位，可以解除劳动合同。

用人单位有几种情形的，劳动者可以解除劳动合同。

用人单位以暴力、威胁或者非法限制人身自由的手段强迫劳动者劳动的，或者用人单位违章指挥、强令冒险作业危及劳动者人身安全的，劳动者可以立即解除劳动合同，不需事先告知用人单位。

劳动者有几种情形的，用人单位可以解除劳动合同。劳动者有几种情形的，用人单位不得解除劳动合同。有几种情形的，劳动合同终止。

用人单位对已经解除或者终止的劳动合同的文本，至少保存二年备查。

4. 法律责任

用人单位直接涉及劳动者切身利益的规章制度违反法律、法规规定的，由劳动行政部门责令改正，给予警告；给劳动者造成损害的，应当承担赔偿责任。用人单位提供的劳动合同文本未载明本法规定的劳动合同必备条款或者用人单位未将劳动合同文本交付劳动者的，由劳动行政部门责令改正；给劳动者造成损害的，应当承担赔偿责任。

用人单位自用工之日起超过一个月不满一年未与劳动者订立书面劳动合同的，应当向劳动者每月支付二倍的工资。用人单位违反本法规定不与劳动者订立无固定期限劳动合同的，自应当订立无固定期限劳动合同之日起向劳动者每月支付二倍的工资。

用人单位违反本法规定与劳动者约定试用期的，由劳动行政部门责令改正。违法约定的试用期已经履行的，由用人单位以劳动者试用期满月工资为标准，按已经履行的超过法定试用期的期间向劳动者支付赔偿金。用人单位违反本法规定，扣押劳动者居民身份证等证件的，由劳动行政部门责令限期退还劳动者本人，并依照有关法律规定给予处罚。

  用人单位违反本法规定未向劳动者出具解除或者终止劳动合同的书面证明，由劳动行政部门责令改正；给劳动者造成损害的，应当承担赔偿责任。劳动者违反本法规定解除劳动合同，或者违反劳动合同中约定的保密义务或者竞业限制，给用人单位造成损失的，应当承担赔偿责任。用人单位招用与其他用人单位尚未解除或者终止劳动合同的劳动者，给其他用人单位造成损失的，应当承担连带赔偿责任。

培训课程 2

《中华人民共和国消费者权益保护法》相关知识

一、概况和背景

《中华人民共和国消费者权益保护法》（以下简称《消费者权益保护法》）是维护全体公民消费权益的法律规范的总称，是为了保护消费者的合法权益，维护社会经济秩序稳定，促进社会主义市场经济健康发展而制定的一部法律。

中华人民共和国消费者权益保护法的颁布与施行，是我国第一次以立法的形式全面确认消费者的权利。对保护消费者的权益，规范经营者的行为，维护社会经济秩序，促进社会主义市场经济健康发展具有十分重要的意义。

《消费者权益保护法》是维权的有力武器，其颁布实施催生和强化了消费者的权利意识和自我保护意识，标志着我国以消费者为主体的市场经济向法制化、民主化迈出了一大步。《消费者权益保护法》规定了消费者享有安全权、知情权、选择权、公平交易权、获赔权、结社权、获知权、尊重权、监督权等9项权利，标志着国家法律第一次对我国公民作为消费者应该拥有的权利做了系统规定。随着《消费者权益保护法》的贯彻实施，越来越多的消费者开始知晓并注重维护自己应有的合法权益。

二、与酒店职业相关的主要内容

1. 消费者的权利

消费者在购买、使用商品和接受服务时享有人身、财产安全不受损害的权利。消费者有权要求经营者提供的商品和服务，符合保障人身、财产安全的要求。消费者享有知悉其购买、使用的商品或者接受的服务的真实情况的权利。

消费者有权根据商品或者服务的不同情况，要求经营者提供商品的价格、产地、生产者、用途、性能、规格、等级、主要成分、生产日期、有效期限、检验合格证明、使用方法说明书、售后服务，或者服务的内容、规格、费用等有关情况。

消费者享有自主选择商品或者服务的权利。消费者有权自主选择提供商品或者服务的经营者，自主选择商品品种或者服务方式，自主决定购买或者不购买任何一种商品、接受或者不接受任何一项服务。消费者在自主选择商品或者服务时，有权进行比较、鉴别和挑选。

消费者享有公平交易的权利。消费者在购买商品或者接受服务时，有权获得质量保障、价格合理、计量正确等公平交易条件，有权拒绝经营者的强制交易行为。

消费者因购买、使用商品或者接受服务受到人身、财产损害的，享有依法获得赔偿的权利。消费者享有依法成立维护自身合法权益的社会组织的权利。消费者享有获得有关消费和消费者权益保护方面的知识的权利。

消费者应当努力掌握所需商品或者服务的知识和使用技能，正确使用商品，提高自我保护意识。消费者在购买、使用商品和接受服务时，享有人格尊严、民族风俗习惯得到尊重的权利，享有个人信息依法得到保护的权利。消费者享有对商品和服务以及保护消费者权益工作进行监督的权利。

消费者有权检举、控告侵害消费者权益的行为和国家机关及其工作人员在保护消费者权益工作中的违法失职行为，有权对保护消费者权益工作提出批评、建议。

2. 经营者的义务

经营者向消费者提供商品或者服务，应当依照本法和其他有关法律、法规的规定履行义务。经营者和消费者有约定的，应当按照约定履行义务，但双方的约定不得违背法律、法规的规定。经营者向消费者提供商品或者服务，应当恪守社会公德，诚信经营，保障消费者的合法权益；不得设定不公平、不合理的交易条件，不得强制交易。经营者应当听取消费者对其提供的商品或者服务的意见，接受消费者的监督。

经营者应当保证其提供的商品或者服务符合保障人身、财产安全的要求。对可能危及人身、财产安全的商品和服务，应当向消费者做出真实的说明和明确的警示，并说明和标明正确使用商品或者接受服务的方法以及防止危害发生的方法。

宾馆、商场、餐馆、银行、机场、车站、港口、影剧院等经营场所的经营者，应当对消费者尽到安全保障义务。经营者向消费者提供有关商品或者服务的质量、性能、用途、有效期限等信息，应当真实、全面，不得作虚假或者引人误解的宣传。

经营者对消费者就其提供的商品或者服务的质量和使用方法等问题提出的询问，应当做出真实、明确的答复。经营者提供商品或者服务应当明码标价。经营者提供商品或者服务，应当按照国家有关规定或者商业惯例向消费者出具发票等购货凭证或者服务单据；消费者索要发票等购货凭证或者服务单据的，经营者必须出具。

经营者以广告、产品说明、实物样品或者其他方式表明商品或者服务的质量状况的，应当保证其提供的商品或者服务的实际质量与表明的质量状况相符。经营者收集、使用消费者个人信息，应当遵循合法、正当、必要的原则，明示收集、使用信息的目的、方式和范围，并经消费者同意。经营者收集、使用消费者个人信息，应当公开其收集、使用规则，不得违反法律、法规的规定和双方的约定收集、使用信息。

经营者及其工作人员对收集的消费者个人信息必须严格保密，不得泄露、出售或者非法向他人提供。经营者应当采取技术措施和其他必要措施，确保信息安全，防止消费者个人信息泄露、丢失。在发生或者可能发生信息泄露、丢失的情况时，应当立即采取补救措施。

3. 国家对消费者合法权益的保护

国家制定有关消费者权益的法律、法规、规章和强制性标准，应当听取消费者和消费者协会等组织的意见。

各级人民政府应当加强领导，组织、协调、督促有关行政部门做好保护消费者合法权益的工作，落实保护消费者合法权益的职责。各级人民政府应当加强监督，预防危害消费者人身、财产安全行为的发生，及时制止危害消费者人身、财产安全的行为。

各级人民政府工商行政管理部门和其他有关行政部门应当依照法律、法规的规定，在各自的职责范围内，采取措施，保护消费者的合法权益。有关行政部门应当听取消费者和消费者协会等组织对经营者交易行为、商品和服务质量问题的意见，及时调查处理。

有关国家机关应当依照法律、法规的规定，惩处经营者在提供商品和服务中侵害消费者合法权益的违法犯罪行为。人民法院应当采取措施，方便消费者提起诉讼。对符合《中华人民共和国民事诉讼法》起诉条件的消费者权益争议，必须受理，及时审理。

4. 争议的解决

消费者在购买、使用商品时，其合法权益受到损害的，可以向销售者要求赔偿。销售者赔偿后，属于生产者的责任或者属于向销售者提供商品的其他销售者的责任的，销售者有权向生产者或者其他销售者追偿。

使用他人营业执照的违法经营者提供商品或者服务，损害消费者合法权益的，消费者可以向其要求赔偿，也可以向营业执照的持有人要求赔偿。

消费者通过网络交易平台购买商品或者接受服务，其合法权益受到损害的，可以向销售者或者服务者要求赔偿。网络交易平台提供者不能提供销售者或者服务者的真实名称、地址和有效联系方式的，消费者也可以向网络交易平台提供者要求赔偿；网络交易平台提供者做出更有利于消费者的承诺的，应当履行承诺。网络交易平台提供者赔偿后，有权向销售者或者服务者追偿。

消费者因经营者利用虚假广告或者其他虚假宣传方式提供商品或者服务，其合法权益受到损害的，可以向经营者要求赔偿。广告经营者、发布者发布虚假广告的，消费者可以请求行政主管部门予以惩处。广告经营者、发布者不能提供经营者的真实名称、地址和有效联系方式的，应当承担赔偿责任。

消费者向有关行政部门投诉的，该部门应当自收到投诉之日起七个工作日内，予以处理并告知消费者。对侵害众多消费者合法权益的行为，中国消费者协会以及在省、自治区、直辖市设立的消费者协会，可以向人民法院提起诉讼。

5. 法律责任

经营者对消费者未尽到安全保障义务，造成消费者损害的，应当承担侵权责任。

经营者侵害消费者的人格尊严、侵犯消费者人身自由或者侵害消费者个人信息依法得到保护的权利的，应当停止侵害、恢复名誉、消除影响、赔礼道歉，并赔偿损失。经营者有侮辱诽谤、搜查身体、侵犯人身自由等侵害消费者或者其他受害人人身权益的行为，造成严重精神损害的，受害人可以要求精神损害赔偿。

经营者提供商品或者服务，造成消费者财产损害的，应当依照法律规定或者当事人约定承担修理、重做、更换、退货、补足商品数量、退还货款和服务费用或者赔偿损失等民事责任。

经营者以预收款方式提供商品或者服务的，应当按照约定提供。未按照约定提供的，应当按照消费者的要求履行约定或者退回预付款；并应当承担预付款的利息、消费者必须支付的合理费用。

经营者违反本法规定提供商品或者服务，侵害消费者合法权益，构成犯罪的，依法追究刑事责任。经营者违反本法规定，应当承担民事赔偿责任和缴纳罚款、罚金，其财产不足以同时支付的，先承担民事赔偿责任。经营者对行政处罚决定不服的，可以依法申请行政复议或者提起行政诉讼。

以暴力、威胁等方法阻碍有关行政部门工作人员依法执行职务的，依法追究刑事责任；拒绝、阻碍有关行政部门工作人员依法执行职务，未使用暴力、威胁方法的，由公安机关依照《中华人民共和国治安管理处罚法》的规定处罚。国家机关工作人员玩忽职守或者包庇经营者侵害消费者合法权益的行为的，由其所在单位或者上级机关给予行政处分；情节严重，构成犯罪的，依法追究刑事责任。

培训课程 3

《中华人民共和国外汇管理条例》相关知识

一、概况和背景

《中华人民共和国外汇管理条例》是为了加强外汇管理，促进国际收支平衡，促进国民经济健康发展而制定的。

国务院外汇管理部门及其分支机构（以下统称外汇管理机关）依法履行外汇管理职责，负责本条例的实施。

二、与酒店职业相关的主要内容

1. 本条例所称外汇，是指下列以外币表示的可以用作国际清偿的支付手段和资产：
（1）外币现钞，包括纸币、铸币；
（2）外币支付凭证或者支付工具，包括票据、银行存款凭证、银行卡等；
（3）外币有价证券，包括债券、股票等；
（4）特别提款权；
（5）其他外汇资产。

境内机构、境内个人的外汇收支或者外汇经营活动，以及境外机构、境外个人在境内的外汇收支或者外汇经营活动，适用本条例。

中华人民共和国境内禁止外币流通，并不得以外币计价结算，但国家另有规定的除外。

2. 经常项目外汇收支应当具有真实、合法的交易基础。经营结汇、售汇业务的金融机构应当按照国务院外汇管理部门的规定，对交易单证的真实性及其与外汇收支的一致性进行合理审查。

3. 境外机构、境外个人在境内直接投资，经有关主管部门批准后，应当到外汇管理机关办理登记。

境外机构、境外个人在境内从事有价证券或者衍生产品发行、交易，应当遵守国家关于市场准入的规定，并按照国务院外汇管理部门的规定办理登记。

境内机构、境内个人向境外直接投资或者从事境外有价证券、衍生产品发行、交易，应当按照国务院外汇管理部门的规定办理登记。国家规定需要事先经有关主管部门批准或者备案的，应当在外汇登记前办理批准或者备案手续。

资本项目外汇收入保留或者卖给经营结汇、售汇业务的金融机构，应当经外汇管理机关批准，但国家规定无需批准的除外。

资本项目外汇支出，应当按照国务院外汇管理部门关于付汇与购汇的管理规定，凭有效单证以自有外汇支付或者向经营结汇、售汇业务的金融机构购汇支付。国家规定应当经外汇管理机关批准的，应当在外汇支付前办理批准手续。

4. 金融机构经营或者终止经营结汇、售汇业务，应当经外汇管理机关批准；经营或者终止经营其他外汇业务，应当按照职责分工经外汇管理机关或者金融业监督管理机构批准。

外汇管理机关对金融机构外汇业务实行综合头寸管理，具体办法由国务院外汇管理部门制定。

金融机构的资本金、利润以及因本外币资产不匹配需要进行人民币与外币间转换的，应当经外汇管理机关批准。

5. 人民币汇率实行以市场供求为基础的、有管理的浮动汇率制度。

经营结汇、售汇业务的金融机构和符合国务院外汇管理部门规定条件的其他机构，可以按照国务院外汇管理部门的规定在银行间外汇市场进行外汇交易。

外汇市场交易应当遵循公开、公平、公正和诚实信用的原则。

6. 有关单位和个人应当配合外汇管理机关的监督检查，如实说明有关情况并提供有关文件、资料，不得拒绝、阻碍和隐瞒。

有外汇经营活动的境内机构，应当按照国务院外汇管理部门的规定报送财务会计报告、统计报表等资料。

任何单位和个人都有权举报外汇违法行为。

外汇管理机关应当为举报人保密，并按照规定对举报人或者协助查处外汇违法行为有功的单位和个人给予奖励。

7. 有违反规定将境内外汇转移境外，或者以欺骗手段将境内资本转移境外等逃汇行为的，由外汇管理机关责令限期调回外汇，处逃汇金额30%以下的罚款；情节严重的，处逃汇金额30%以上等值以下的罚款；构成犯罪的，依法追究刑事责任。

有违反规定以外汇收付应当以人民币收付的款项，或者以虚假、无效的交易单证等向经营结汇、售汇业务的金融机构骗购外汇等非法套汇行为的，由外汇管理机关责令对非法套汇资金予以回兑，处非法套汇金额30%以下的罚款；情节严重的，处非法套汇金额30%以上等值以下的罚款；构成犯罪的，依法追究刑事责任。

违反规定将外汇汇入境内的，由外汇管理机关责令改正，处违法金额30%以下的罚款；情节严重的，处违法金额30%以上等值以下的罚款。

非法结汇的，由外汇管理机关责令对非法结汇资金予以回兑，处违法金额30%以下的罚款。

违反规定携带外汇出入境的，由外汇管理机关给予警告，可以处违法金额20%以下的罚款。法律、行政法规规定由海关予以处罚的，从其规定。

有擅自对外借款、在境外发行债券或者提供对外担保等违反外债管理行为的，由外汇管理机关给予警告，处违法金额30%以下的罚款。

违反规定，擅自改变外汇或者结汇资金用途的，由外汇管理机关责令改正，没收违法所得，处违法金额30%以下的罚款；情节严重的，处违法金额30%以上等值以下的罚款。

有违反规定以外币在境内计价结算或者划转外汇等非法使用外汇行为的，由外汇管理机关责令改正，给予警告，可以处违法金额30%以下的罚款。

私自买卖外汇、变相买卖外汇、倒买倒卖外汇或者非法介绍买卖外汇数额较大的，由外汇管理机关给予警告，没收违法所得，处违法金额30%以下的罚款；情节严重的，处违法金额30%以上等值以下的罚款；构成犯罪的，依法追究刑事责任。

未经批准擅自经营结汇、售汇业务的，由外汇管理机关责令改正，有违法所得的，没收违法所得，违法所得50万元以上的，并处违法所得1倍以上5倍以下的罚款；没有违法所得或者违法所得不足50万元的，处50万元以上200万元以下的罚款；情节严重的，由有关主管部门责令停业整顿或者吊销业务许可证；构成犯罪的，依法追究刑事责任。

未经批准经营结汇、售汇业务以外的其他外汇业务的，由外汇管理机关或者金融业监督管理机构依照前款规定予以处罚。

境内机构违反外汇管理规定的，除依照本条例给予处罚外，对直接负责的主管人员和其他直接责任人员，应当给予处分；对金融机构负有直接责任的董事、监事、高级管理人员和其他直接责任人员给予警告，处5万元以上50万元以下的罚款；构成犯罪的，依法追究刑事责任。

培训课程 4

《旅馆业治安管理办法》相关知识

一、概况和背景

制定本办法是为了保障旅馆业的正常经营和旅客的生命财物安全,维护社会治安。

凡经营接待旅客住宿的旅馆、饭店、宾馆、招待所、客货栈、车马店、浴池等(以下统称旅馆),不论是国营、集体经营,还是合伙经营、个体经营、外商投资经营,不论是专营还是兼营,不论是常年经营,还是季节性经营,都必须遵守本办法。

二、与酒店职业相关的主要内容

开办旅馆,其房屋建筑、消防设备、出入口和通道等,必须符合《中华人民共和国消防法》等有关规定,并且要具备必要的防盗安全设施。申请开办旅馆,应经主管部门审查批准,经当地公安机关签署意见,向工商行政管理部门申请登记,领取营业执照后,方准开业。经批准开业的旅馆,如有歇业、转业、合并、迁移、改变名称等情况,应当在工商行政管理部门办理变更登记后3日内,向当地的县、市公安局、公安分局备案。

经营旅馆,必须遵守国家的法律,建立各项安全管理制度,设置治安保卫组织或者指定安全保卫人员。旅馆接待旅客住宿必须登记。登记时,应当查验旅客的身份证件,按规定的项目如实登记。接待境外旅客住宿,还应当在24小时内向当地公安机关报送住宿登记表。

旅馆应当设置旅客财物保管箱、柜或者保管室、保险柜,指定专人负责保管工作。对旅客寄存的财物,要建立登记、领取和交接制度。旅馆对旅客遗留的物品,应当妥为保管,设法归还原主或揭示招领;经招领3个月后无人认领的,要登记造册，送当地公安机关按拾遗物品处理。对违禁物品和可疑物品，应当及时报告公安机关处理。

旅馆工作人员发现违法犯罪分子，形迹可疑的人员和被公安机关通缉的罪犯，应当立即向当地公安机关报告，不得知情不报或隐瞒包庇。在旅馆内开办舞厅、音乐茶座等娱乐、服务场所的，除执行本办法有关规定外，还应当按照国家和当地政府的有关规定管理。

严禁旅客将易燃、易爆、剧毒、腐蚀性和放射性等危险物品带入旅馆。旅馆内，严禁卖淫、嫖宿、赌博、吸毒、传播淫秽物品等违法犯罪活动。旅馆内，不得酗酒滋事、大声喧哗，影响他人休息，旅客不得私自留客住宿或者转让床位。

公安机关对旅馆治安管理的职责是指导、监督旅馆建立各项安全管理制度和落实安全防范措施，协助旅馆对工作人员进行安全业务知识的培训，依法惩办侵犯旅馆和旅客合法权益的违法犯罪分子。公安人员到旅馆执行公务时，应当出示证件，严格依法办事，要文明礼貌待人，维护旅馆的正常经营和旅客的合法权益。旅馆工作人员和旅客应当予以协助。

违反本办法规定开办旅馆的，公安机关可以酌情给予警告或者处以200元以下罚款；未经登记，私自开业的，公安机关应当协助工商行政管理部门依法处理。

旅馆工作人员违反本办法规定的，公安机关可以酌情给予警告或者处以200元以下罚款；情节严重构成犯罪的，依法追究刑事责任。旅馆负责人参与违法犯罪活动，其所经营的旅馆已成为犯罪活动场所的，公安机关除依法追究其责任外，对该旅馆还应当会同工商行政管理部门依法处理。

培训课程 5

《中华人民共和国出境入境管理法》相关知识

一、概况和背景

《中华人民共和国出境入境管理法》是为了规范出境入境管理,维护中华人民共和国的主权、安全和社会秩序,促进对外交往和对外开放而制定的一部法律。中国公民出境入境、外国人入境出境、外国人在境内停留居留的管理,以及交通运输工具出境入境的边防检查,适用本法。

本法律规定,国家保护中国公民出境入境合法权益。在中国境内的外国人的合法权益受法律保护。在中国境内的外国人应当遵守中国法律,不得危害中国国家安全、损害社会公共利益、破坏社会公共秩序。

本法律规定,公安部、外交部按照各自职责负责有关出境入境事务的管理。中华人民共和国驻外使馆、领馆或者外交部委托的其他驻外机构负责在境外签发外国人入境签证。出入境边防检查机关负责实施出境入境边防检查。县级以上地方人民政府公安机关及其出入境管理机构负责外国人停留居留管理。

二、与酒店职业相关的主要内容

1. 国民出入境

中国公民出境入境,应当依法申请办理护照或者其他旅行证件。

中国公民前往其他国家或者地区,还需要取得前往国签证或者其他入境许可证明。但是,中国政府与其他国家政府签订互免签证协议或者公安部、外交部另有规定的除外。中国公民往来内地与香港特别行政区、澳门特别行政区,中国公民往来大陆与台湾地区,应当依法申请办理通行证件,并遵守本法有关规定。具体管理办法由国务院规定。

中国公民出境入境,应当向出入境边防检查机关交验本人的护照或者其他旅行证件等出境入境证件，履行规定的手续，经查验准许，方可出境入境。

中国公民有下列情形之一的，不准出境：

（1）未持有效出境入境证件或者拒绝、逃避接受边防检查的；

（2）被判处刑罚尚未执行完毕或者属于刑事案件被告人、犯罪嫌疑人的；

（3）有未了结的民事案件，人民法院决定不准出境的；

（4）因妨害国（边）境管理受到刑事处罚或者因非法出境、非法居留、非法就业被其他国家或者地区遣返，未满不准出境规定年限的；

（5）可能危害国家安全和利益，国务院有关主管部门决定不准出境的；

（6）法律、行政法规规定不准出境的其他情形。

定居国外的中国公民要求回国定居的，应当在入境前向中华人民共和国驻外使馆、领馆或者外交部委托的其他驻外机构提出申请，也可以由本人或者经由国内亲属向拟定居地的县级以上地方人民政府侨务部门提出申请。

2. 外国人出入境

（1）签证

外国人入境，应当向驻外签证机关申请办理签证，但是本法另有规定的除外。

签证分为外交签证、礼遇签证、公务签证、普通签证。

对因外交、公务事由入境的外国人，签发外交、公务签证；对因身份特殊需要给予礼遇的外国人，签发礼遇签证。外交签证、礼遇签证、公务签证的签发范围和签发办法由外交部规定。

对因工作、学习、探亲、旅游、商务活动、人才引进等非外交、公务事由入境的外国人，签发相应类别的普通签证。普通签证的类别和签发办法由国务院规定。

签证的登记项目包括：签证种类，持有人姓名、性别、出生日期、入境次数、入境有效期、停留期限，签发日期、地点，护照或者其他国际旅行证件号码等。

旅行社按照国家有关规定组织入境旅游的，可以向口岸签证机关申请办理团体旅游签证。

外国人向口岸签证机关申请办理签证，应当提交本人的护照或者其他国际旅行证件，以及申请事由的相关材料，按照口岸签证机关的要求办理相关手续，并从申请签证的口岸入境。

口岸签证机关签发的签证一次入境有效，签证注明的停留期限不得超过三十日。临时入境的期限不得超过十五日。

对申请办理临时入境手续的外国人，出入境边防检查机关可以要求外国人本人、载运其入境的交通运输工具的负责人或者交通运输工具出境入境业务代理单位提供必要的保证措施。

（2）入境出境

外国人入境，应当向出入境边防检查机关交验本人的护照或者其他国际旅行证件、签证或者其他入境许可证明，履行规定的手续，经查验准许，方可入境。

外国人有下列情形之一的，不准入境：

1）未持有效出境入境证件或者拒绝、逃避接受边防检查的；

2）具有本法第二十一条第一款第一项至第四项规定情形的；

3）入境后可能从事与签证种类不符的活动的；

4）法律、行政法规规定不准入境的其他情形。

对不准入境的，出入境边防检查机关可以不说明理由。

对未被准许入境的外国人，出入境边防检查机关应当责令其返回；对拒不返回的，强制其返回。外国人等待返回期间，不得离开限定的区域。

外国人出境，应当向出入境边防检查机关交验本人的护照或者其他国际旅行证件等出境入境证件，履行规定的手续，经查验准许，方可出境。

外国人有下列情形之一的，不准出境：

1）被判处刑罚尚未执行完毕或者属于刑事案件被告人、犯罪嫌疑人的，但是按照中国与外国签订的有关协议，移管被判刑人的除外；

2）有未了结的民事案件，人民法院决定不准出境的；

3）拖欠劳动者的劳动报酬，经国务院有关部门或者省、自治区、直辖市人民政府决定不准出境的；

4）法律、行政法规规定不准出境的其他情形。

3. 外国人出停留

外国人所持签证注明的停留期限不超过一百八十日的，持证人凭签证并按照签证注明的停留期限在中国境内停留。

需要延长签证停留期限的，应当在签证注明的停留期限届满七日前向停留地县级以上地方人民政府公安机关出入境管理机构申请，按照要求提交申请事由的相关材料。经审查，延期理由合理、充分的，准予延长停留期限；不予延长停留期限的，应当按期离境。

延长签证停留期限，累计不得超过签证原注明的停留期限。外国人所持签证注明入境后需要办理居留证件的，应当自入境之日起三十日内，向拟居留地县级以上地方人民政府公安机关出入境管理机构申请办理外国人居留证件。

申请办理外国人居留证件，应当提交本人的护照或者其他国际旅行证件，以及申请事由的相关材料，并留存指纹等人体生物识别信息。公安机关出入境管理机构应当自收到申请材料之日起十五日内进行审查并作出审查决定，根据居留事由签发相应类别和期限的外国人居留证件。

符合国家规定的专门人才、投资者或者出于人道等原因确需由停留变更为居留的外国人，经设区的市级以上地方人民政府公安机关出入境管理机构批准可以办理外国人居留证件。

外国人居留证件的登记项目包括：持有人姓名、性别、出生日期、居留事由、居留期限，签发日期、地点，护照或者其他国际旅行证件号码等。外国人居留证件登记事项发生变更的，持证件人应当自登记事项发生变更之日起十日内向居留地县级以上地方人民政府公安机关出入境管理机构申请办理变更。

免办签证入境的外国人需要超过免签期限在中国境内停留的，外国船员及其随行家属在中国境内停留需要离开港口所在城市，或者具有需要办理外国人停留证件其他情形的，应当按照规定办理外国人停留证件。外国人停留证件的有效期最长为一百八十日。

外国人入境后，所持的普通签证、停留居留证件损毁、遗失、被盗抢或者有符合国家规定的事由需要换发、补发的，应当按照规定向停留居留地县级以上地方人民政府公安机关出入境管理机构提出申请。

外国人在中国境内停留居留，不得从事与停留居留事由不相符的活动，并应当在规定的停留居留期限届满前离境。外国人在中国境内旅馆住宿的，旅馆应当按照旅馆业治安管理的有关规定为其办理住宿登记，并向所在地公安机关报送外国人住宿登记信息。

外国人在旅馆以外的其他住所居住或者住宿的，应当在入住后二十四小时内由本人或者留宿人，向居住地的公安机关办理登记。

4. 法律责任

协助他人非法出境入境的，处二千元以上一万元以下罚款；情节严重的，处十日以上十五日以下拘留，并处五千元以上二万元以下罚款，有违法所得的，没收违法所得。单位有前款行为的，处一万元以上五万元以下罚款，有违法所得的，没收违法所得，并对其直接负责的主管人员和其他直接责任人员依照前款规定予以处罚。

弄虚作假骗取签证、停留居留证件等出境入境证件的，处二千元以上五千元以下罚款；情节严重的，处十日以上十五日以下拘留，并处五千元以上二万元以下罚款。单位有前款行为的，处一万元以上五万元以下罚款，并对其直接负责的主管人员和其他直接责任人员依照前款规定予以处罚。

违反本法规定，为外国人出具邀请函件或者其他申请材料的，处五千元以上一万元以下罚款，有违法所得的，没收违法所得，并责令其承担所邀请外国人的出境费用。单位有前款行为的，处一万元以上五万元以下罚款，有违法所得的，没收违法所得，并责令其承担所邀请外国人的出境费用，对其直接负责的主管人员和其他直接责任人员依照前款规定予以处罚。

旅馆未按照规定办理外国人住宿登记的，依照《中华人民共和国治安管理处罚法》的有关规定予以处罚；未按照规定向公安机关报送外国人住宿登记信息的，给予警告；情节严重的，处一千元以上五千元以下罚款。

外国人未经批准，擅自进入限制外国人进入的区域，责令立即离开；情节严重的，处五日以上十日以下拘留。对外国人非法获取的文字记录、音像资料、电子数据和其他物品，予以收缴或者销毁，所用工具予以收缴。外国人、外国机构违反本法规定，拒不执行公安机关、国家安全机关限期迁离决定的，给予警告并强制迁离；情节严重的，对有关责任人员处五日以上十五日以下拘留。

外国人非法居留的，给予警告；情节严重的，处每非法居留一日五百元，总额不超过一万元的罚款或者五日以上十五日以下拘留。因监护人或者其他负有监护责任的人未尽到监护义务，致使未满十六周岁的外国人非法居留的，对监护人或者其他负有监护责任的人给予警告，可以并处一千元以下罚款。

外国人从事与停留居留事由不相符的活动，或者有其他违反中国法律、法规规定，不适宜在中国境内继续停留居留情形的，可以处限期出境。外国人违反本法规定，情节严重，尚不构成犯罪的，公安部可以处驱逐出境。公安部的处罚决定为最终决定。

被驱逐出境的外国人，自被驱逐出境之日起十年内不准入境。

培训课程 6

《中华人民共和国消防法》相关知识

一、概况和背景

《中华人民共和国消防法》是为了预防火灾和减少火灾危害，加强应急救援工作，保护人身、财产安全，维护公共安全而制定的一部法律。消防工作贯彻预防为主、防消结合的方针，按照政府统一领导、部门依法监管、单位全面负责、公民积极参与的原则，实行消防安全责任制，建立健全社会化的消防工作网络。任何单位和个人都有维护消防安全、保护消防设施、预防火灾、报告火警的义务。任何单位和成年人都有参加有组织的灭火工作的义务。

二、与酒店职业相关的主要内容

1. 火灾预防

地方各级人民政府应当将包括消防安全布局、消防站、消防供水、消防通信、消防车通道、消防装备等内容的消防规划纳入城乡规划，并负责组织实施。单位的主要负责人是本单位的消防安全责任人。

建设工程的消防设计、施工必须符合国家工程建设消防技术标准。建设、设计、施工、工程监理等单位依法对建设工程的消防设计、施工质量负责。特殊建设工程未经消防设计审查或者审查不合格的，建设单位、施工单位不得施工；其他建设工程，建设单位未提供满足施工需要的消防设计图纸及技术资料的，有关部门不得发放施工许可证或者批准开工报告。

公众聚集场所在投入使用、营业前，建设单位或者使用单位应当向场所所在地的县级以上地方人民政府消防救援机构申请消防安全检查。

生产、储存、经营易燃易爆危险品的场所不得与居住场所设置在同一建筑物内，并应当与居住场所保持安全距离。生产、储存、经营其他物品的场所与居住场所设置在同一建筑物内的，应当符合国家工程建设消防技术标准。

举办大型群众性活动，承办人应当依法向公安机关申请安全许可，制定灭火和应急疏散预案并组织演练，明确消防安全责任分工，确定消防安全管理人员，保持消防设施和消防器材配置齐全、完好有效，保证疏散通道、安全出口、疏散指示标志、应急照明和消防车通道符合消防技术标准和管理规定。

消防产品必须符合国家标准；没有国家标准的，必须符合行业标准。禁止生产、销售或者使用不合格的消防产品以及国家明令淘汰的消防产品。

电器产品、燃气用具的产品标准，应当符合消防安全的要求。电器产品、燃气用具的安装、使用及其线路、管路的设计、敷设、维护保养、检测，必须符合消防技术标准和管理规定。

任何单位、个人不得损坏、挪用或者擅自拆除、停用消防设施、器材，不得埋压、圈占、遮挡消火栓或者占用防火间距，不得占用、堵塞、封闭疏散通道、安全出口、消防车通道。人员密集场所的门窗不得设置影响逃生和灭火救援的障碍物。

2. 消防组织

各级人民政府应当加强消防组织建设，根据经济社会发展的需要，建立多种形式的消防组织，加强消防技术人才培养，增强火灾预防、扑救和应急救援的能力。

生产、储存易燃易爆危险品的大型企业应当建立单位专职消防队，承担本单位的火灾扑救工作。

专职消防队的建立，应当符合国家有关规定，并报当地消防救援机构验收。专职消防队的队员依法享受社会保险和福利待遇。机关、团体、企业、事业等单位以及村民委员会、居民委员会根据需要，建立志愿消防队等多种形式的消防组织，开展群众性自防自救工作。

消防救援机构应当对专职消防队、志愿消防队等消防组织进行业务指导；根据扑救火灾的需要，可以调动指挥专职消防队参加火灾扑救工作。

3. 灭火救援

县级以上地方人民政府应当组织有关部门针对本行政区域内的火灾特点制定应急预案，建立应急反应和处置机制，为火灾扑救和应急救援工作提供人员、装备等保障。

任何人发现火灾都应当立即报警。任何单位、个人都应当无偿为报警提供便利，不得阻拦报警。严禁谎报火警。人员密集场所发生火灾，该场所的现场工作人员应当立即组织、引导在场人员疏散。任何单位发生火灾，必须立即组织力量扑救。邻近单位应当给予支援。

根据扑救火灾的紧急需要，有关地方人民政府应当组织人员、调集所需物资支援灭火。消防车、消防艇以及消防器材、装备和设施，不得用于与消防和应急救援工作无关的事项。国家综合性消防救援队、专职消防队扑救火灾、应急救援，不得收取任何费用。单位专职消防队、志愿消防队参加扑救外单位火灾所损耗的燃料、灭火剂和器材、装备等，由火灾发生地的人民政府给予补偿。

对因参加扑救火灾或者应急救援受伤、致残或者死亡的人员，按照国家有关规定给予医疗、抚恤。消防救援机构有权根据需要封闭火灾现场，负责调查火灾原因，统计火灾损失。

火灾扑灭后，发生火灾的单位和相关人员应当按照消防救援机构的要求保护现场，接受事故调查，如实提供与火灾有关的情况。消防救援机构根据火灾现场勘验、调查情况和有关的检验、鉴定意见，及时制作火灾事故认定书，作为处理火灾事故的证据。

4. 法律责任

建设单位未依照本法规定在验收后报住房和城乡建设主管部门备案的，由住房和城乡建设主管部门责令改正，处五千元以下罚款。

生产、储存、经营易燃易爆危险品的场所与居住场所设置在同一建筑物内，或者未与居住场所保持安全距离的，责令停产停业，并处五千元以上五万元以下罚款。生产、储存、经营其他物品的场所与居住场所设置在同一建筑物内，不符合消防技术标准的，依照前款规定处罚。

电器产品、燃气用具的安装、使用及其线路、管路的设计、敷设、维护保养、检测不符合消防技术标准和管理规定的，责令限期改正；逾期不改正的，责令停止使用，可以并处一千元以上五千元以下罚款。

人员密集场所发生火灾，该场所的现场工作人员不履行组织、引导在场人员疏散的义务，情节严重，尚不构成犯罪的，处五日以上十日以下拘留。

产品质量监督、工商行政管理等其他有关行政主管部门的工作人员在消防工作中滥用职权、玩忽职守、徇私舞弊，尚不构成犯罪的，依法给予处分。

参考文献

1. 汝勇健.沟通技巧［M］.北京：旅游教育出版社，2019.
2. 洪涛.酒店管理实务［M］.南京：东南大学出版社，2016.
3. 甘朝有.旅游心理学［M］.天津：南开大学出版社，2001.
4. 周贺来.酒店计算机信息管理［M］.北京：中国水利水电出版社，2010.
5. 陈吉瑞，陈刚平，王奉德.旅游职业道德［M］.北京：旅游教育出版社，2016.